新・教職課程シリーズ

特別活動論
Extra Class Activities

田中智志・橋本美保[監修]
犬塚文雄[編著]

監修者のことば

　本書は、「一藝社 教職課程シリーズ」全10巻の1冊として編まれた教科書であり、「教職に関する科目」の「教育課程及び指導法に関する科目」の一つ「特別活動の指導法」に対応しています。

　特別活動は、学校における諸活動のうちの「教科外活動」と呼ばれる活動です。特別活動には、いわゆる「教科」の場合と違い、所定の教科書はありませんし、その評価の基準は、具体的な個々の活動に即して行われます。特別活動の具体的な内容は、多岐にわたりますが、一つの共通する特徴を備えています。それは「集団活動」であるということです。学級活動・ホームルーム活動、児童会活動・生徒会活動、クラブ活動・学校行事などはすべて、子どもたちの集団活動です。個人が何らかの集団のなかで、その集団の一員として活動すること——これが特別活動の基本的な特徴です。

　こうした集団活動としての特別活動においてもっとも重要なことは、子どもたち同士の望ましい人間関係です。いいかえれば、よりよく活動するための他者への気遣いです。それは、独りよがりの独善に陥らず、他者の立場に立とうと努めること、依存的にかかわるのではなく、協同的にかかわること、二者択一の選択を強いるのではなく、相互の意見調整を大切にする、といった姿勢です。こうした他者への気遣いは、人が人として生きるうえでもっとも重要な倫理的な姿勢といえるでしょう。

　こうした他者への気遣いを子どもたちのなかに培うためには、教師自身が、子どもたち一人ひとりをまさに他者として気遣う必要があります。いいかえれば、教師自身が、子どもたち一人ひとりに対して教育臨床的な態度をとることが大切です。それは、所定の教育目標の達成へと一直線に進むのではなく、子どもたち一人ひとりの個別的な情況をおもんぱかることであり、一方的に言葉で指導することではなく、子どもたちの切実な想いに応えることです。いいかえれば、情況に即しつつ応答することです。

　こうした他者への気遣いは、よりよい学校生活をおくるためにも、現代

社会を生きるためにも、必須です。人が人間性豊かな存在として生きるためには、他者への気遣いが不可欠です。しかし、現代社会は、高度に機能的な社会であり、有用性・有能性がことさら求められる社会です。このような機能性指向の社会においては、人の存在は、能力・学力・資格へと縮減される傾向にあります。そうした傾向が強まるなかで、人は、ますます競争を強いられるようになり、ますます失敗を避けるようになります。いわば、個人主義・自己防衛が強まっていきます。こうした現代社会における集団活動は、他者と共によりよく生きるための協同ではなく、たんなる利益獲得のための協働として行われがちです。固有な存在としての人間一人ひとりが、なんらかの機能的な役割の一つ、すなわち役割・職能の一つに還元されがちです。それは、人間の人間性が見失われることにつながっています。他者への気遣いをハビトゥス（身体知）として身につけることは、この社会で人間らしく生きるために、必須なことです。

　したがって、特別活動は、それが他者への配慮を本態とする活動であるかぎり、もっとも教育的な営みであるということができます。本書は、特別活動論の第一人者である犬塚文雄氏の明解な編集方針のもと、そうした特別活動の教育的意義をわかりやすく示すことで、未来を創造する子どもたち一人ひとりに、人として真に豊かに生きるための、もっとも重要な方途を示唆する教科書となっています。

　教職を志すみなさんが、本書をつうじて、人間性豊かな、よりよい教育実践の学知的な礎を築かれることを、心から願っています。

2013年8月吉日

　　　　　　　　　　　　　　　　　　　　　　監修者　田中智志
　　　　　　　　　　　　　　　　　　　　　　　　　　橋本美保

まえがき

　深刻ないじめ問題など、子どもたちの"心の荒廃"が憂慮されている昨今、彼らの現実状況の変化を踏まえた授業改善やカリキュラム改革が、いままさに求められている。編者は、これまで教育臨床の視点から、カリキュラム改革の"要"に位置づく領域として特別活動に注目してきている。

　特別活動は、子どもたちが学校生活の中で最も楽しみにしている教科外活動の代表であり、1951（昭和26）年の学習指導要領改訂から教育課程の一領域として位置づけられ、今日に至っている。本書では、この特別活動の意義や内容、指導法についての理解を深め、併せて、特別活動の現状や課題を踏まえて、活性化の具体的な提案を行う実践的指導力の養成を目指している。

　本書は、基礎編（序章～第6章）と実際編（第7章～終章）の2部で構成されている。まず、序章で、教育臨床の視点から、特別活動の今日的意義を明らかにし、その上で、第1部の基礎編では、特別活動のとらえ方、歴史的変遷、教育課程における位置づけ、指導と評価の基本的観点などを明らかにする。第2部の実際編では、特別活動小・中・高の共通目標原理であり、かつ、特別活動4内容（中・高は3内容）の共通目標原理でもある"自主的、実践的な態度"の育成を目指した先進的な活動事例を取り上げ、終章では、それらを踏まえて、特別活動における教師の大事な出番について、若干の提案を行う。こうした流れで、本書はまとめられている。

　本書を一読して、特別活動は「特別（に大切にしなければならない）活動の略称である」といった実感を多くの読者の皆様に持って頂きたい。編者としては、そんな思いを強く抱いている。

2013年8月吉日

　　　　　　　　　　　　　　　　　　　　　　　　編者　犬塚文雄

「特別活動論」もくじ

監修者のことば　3
まえがき　5

序章　特別活動の今日的意義〜教育臨床の視点から〜　11

第1節　教育臨床の視点とは
第2節　教育臨床の視点からみた子どもたちの気になる学校（学級）生活状況とその背景要因
第3節　特別活動の今日的意義〜重苦しい防衛的風土を緩めて支持的風土を高める実践が行える代表的な領域〜

第1章　特別活動とは〜目標・内容・特質など〜　19

第1節　特別活動の目標
第2節　特別活動の内容
第3節　特別活動の特質

第2章　特別活動の成立と発展　33

第1節　戦前における特別活動の淵源
第2節　戦後の特別活動の変遷

第3章　特別活動と教育課程　〜各教科・道徳・外国語活動・総合との関連〜　47

第1節　教育課程における位置づけ
第2節　各教科などとの具体的な関連
第3節　関連を生かす実践化のポイント

第4章 特別活動と生徒指導　*61*

- 第1節　特別活動と生徒指導
- 第2節　生徒指導と生徒理解
- 第3節　生徒指導といじめ問題
- 第4節　生徒指導と不登校問題
- 第5節　生徒指導と進路指導

第5章 特別活動と人間関係形成能力の育成　*75*

- 第1節　子どもたちの現状
- 第2節　子どもたちの現状をどうとらえるか
- 第3節　人間関係形成能力の育成の必要性
- 第4節　人間関係形成能力育成の実践的研究

第6章 特別活動の評価　*89*

- 第1節　評価の基本的な考え方
- 第2節　評価の対象と観点・規準
- 第3節　評価の方法

第7章 子どもたちに委ねる学級活動　*103*

- 第1節　進行を子どもに委ねる授業
- 第2節　学級活動の内容
  〜「子どもたちに委ねる学級活動」とは〜
- 第3節　話し合い活動〜諸問題に取り組む学級会〜

第8章 子どもたちに委ねるホームルーム活動　*117*

- 第1節　旅行行事における自治的活動（T高校）
- 第2節　救助体験活動を通した向社会性の発揮（W高校）
- 第3節　グループ活動を通したキャリア教育（M高校）

第9章　子どもたちに委ねる児童会活動　*131*

　　第1節　児童会活動とは
　　第2節　児童会活動の内容
　　第3節　児童に任せるということ

第10章　子どもたちに委ねる生徒会活動　*143*

　　第1節　生徒会活動の目標、内容および特質
　　第2節　自発的・自治的活動
　　第3節　生徒会活動の組織・計画・評価
　　第4節　生徒会活動の実践例

第11章　子どもたちに委ねるクラブ活動　*155*

　　第1節　学校教育におけるクラブ活動
　　第2節　戦後におけるクラブ活動の歴史的変遷
　　第3節　クラブ活動実施状況
　　第4節　これからのクラブ活動

第12章　子どもたちに委ねる学校行事　*169*

　　第1節　学校行事の内容と活動
　　第2節　子どもたちに委ねる学校行事を通して、つけたい能力
　　第3節　子どもたちに委ねる学校行事の事例

第13章　子どもたちに委ねるボランティア活動　*181*

　　第1節　学校教育におけるボランティア学習
　　第2節　特別活動におけるボランティア
　　第3節　特別活動におけるボランティア活動を
　　　　　　効果的に行うために

| 終章　特別活動における教師の大事な出番とは　*193*

　　　第1節　活動導入時の大事な出番
　　　第2節　活動展開時の大事な出番
　　　第3節　活動終結時の大事な出番

監修者紹介　　*199*
編者・執筆者紹介　　*200*

特別活動の今日的意義
～教育臨床の視点から～

犬塚文雄

はじめに

　特別活動は、子どもたちが学校生活の中で最も楽しみにしている教科外活動の代表であり、1951（昭和26）年の学習指導要領改訂から教育課程の一領域として位置づけられ、今日に至っている。本書では、この特別活動の意義や内容、指導法についての理解を深め、併せて、特別活動の現状や課題を踏まえて、活性化の具体的な提案を行う実践的指導力の養成を目指している。

　本書は、基礎編（序章～第6章）と実際編（第7章～終章）の2部で構成されている。まず、序章で、教育臨床の視点から、特別活動の今日的意義を明らかにし、その上で、第1部の基礎編では、特別活動のとらえ方、歴史的変遷、教育課程における位置づけ、指導と評価の基本的観点などを明らかにする。第2部の実際編では、特別活動小・中・高の共通目標原理であり、かつ、特別活動4内容（中・高は3内容）の共通目標原理でもある「自主的、実践的な態度」の育成を目指した先進的な活動事例を取り上げ、終章では、それらを踏まえて、特別活動における教師の大事な出番について、若干の提案を行う。こうした流れで、本書はまとめられている。

第1節　教育臨床の視点とは

　筆者は、これまで教育臨床の視点から、不登校やいじめに追い込まれた多くの子どもたちとかかわってきた。教育臨床の視点とは、臨床のギリシャ語源であるクリニコス、すなわち、「共に在り・寄り添い・向き合う」ことをベースにして、そこから見えてきた子どもたちの現実状況の変化を的確にとらえ、具体的な手立てを講じ、さらに、カリキュラム改革を視野に入れた今後の学校教育のあり方・方向性を追究する視点を指している。

　この視点は、いきなり「教育に子どもたちを合わせる」のではなく、まずは「彼らの現実状況の変化に教育の営みを合わせていく」ことを、別の

表現を用いれば、「始めに指導ありき」ではなく、「始めにペーシング（子どもたちのペースに向き合う）ありき」を基本スタンスとしている。

深刻化する不登校・いじめ問題などへの対策事業として、1995（平成7）年度からスクールカウンセラーの公立学校への派遣が展開されてきているが、これまでの取り組みを見てみると、教育臨床の視点の前半部分に力点が置かれていて、後半のカリキュラム改革を視野に入れた今後の学校教育のあり方・方向性を追究する視点が、どちらかと言えば弱いような気がしてならない。

子どもたちの「心の荒廃」が憂慮されている昨今、彼らの現実状況の変化を踏まえた授業改善やカリキュラム改革が、いままさに求められていると言えよう。教育臨床の視点からのカリキュラム改革の「要」に位置づく領域として、筆者は、これまで特別活動に注目してきている。

第2節 教育臨床の視点からみた子どもたちの気になる学校（学級）生活状況とその背景要因

子どもたちの状況は一人ひとり個性的で、しかも変化に富んでおり、一般化できるものではないが、教育臨床の視点からのかかわりを通して見えてきた最近の気になる傾向として、2008（平成20）年1月の中教審答申でも示された子どもたちの人間関係形成の困難状況を取り上げてみたい。この答申を受けた2008（平成20）年（高校は21年）改訂の学習指導要領において、とくに、特別活動領域では「人間関係」がキーワードになっており、この言葉が小学校では8カ所、中学高校では7カ所にわたって用いられている。

ところで、人間関係形成の困難状況として、筆者は、学校（学級）生活の中で、自分自身や仲間、所属集団との折り合いがつけられずに苦戦している子どもたちの状況に注目している。「折り合いがつけられない」とは、

自分自身や仲間、所属集団に対して、一定の距離が保てず、その間を振り子のように揺れ動く不安定な心理状況を指している。それぞれ、自分自身に対しては「I am not OK」、仲間に対しては「You are not OK」、所属集団に対しては「We are not OK」の心理状況としてとらえているが、最も苦戦している状況が「三つのnot OK」状況と言えるであろう。

　たとえば、最近、周りにお構いなしに独りよがりで身勝手な「自己チュー」的な行動に走る子どもたちが目につく。その逆に、自分はどうでもいいから周りの仲間やみんなのためにと気を配りすぎ、あるいは、神経をすり減らし気疲れして「ヘトヘト」になって不登校に追い込まれる子どもたちも目につく。さらに、周りに合わせないと自分が仲間はずれになってしまうといった恐れやおびえから、いじめの構図の中で、はやし立てる「観衆」や見て見ぬふりをする「傍観者」的な役回りを進んでとる子どもたちも相変わらず多い。

　こうした状況に子どもたちを追い込む背景要因としてはさまざまなものが考えられるが、ここでは、多くの教育臨床家が指摘している学校ストレッサーを取り上げてみたい。その中には、時間割で区切られた集団生活を特徴とする学校（学級）システムの問題も含まれる。もちろん、学校ストレッサーが、即、子どもたちを学校（学級）不適応行動に追い込む要因となるわけではない。彼らの認知（受けとめ方）のいかんによって、たとえば、誰が見ても強大なストレッサーに思えるものであっても、ある子どもにとっては少しも苦にならず、むしろ発奮材料になっていることがある。逆に、客観的には取るに足らないようなストレッサーでも、ある子どもにとっては大変なダメージを与えかねない場合もある。

　とくに、教育臨床の視点からのかかわりを通して見えてきたことは、子どもたちの多くが、学校（学級）生活の過度の緊張や競争、あるいは、過熱場面に強い防衛反応を起こしていることである。こうした三つの場面の中で、「より早く・より正確に・より効率よく」という現代ストレス社会の3原則に駆り立てられ、煽られ、振り回され、自分らしさや自分なりのペース・リズムを見失い、まさにストレスフルな状況にある子どもたちの

姿が見てとれる。

　これまでの文脈に即してあえて単純化して表すとすれば、三つの場面に押しつぶされないように、子どもたちなりに編み出した自衛策の代表として、不登校やいじめをとらえることができる。すなわち、不登校が、いったん引き下がって自分のペースやリズムを守り通そうとする回避反応の表れであるのに対して、いじめは、周りにお構いなく自分のペースやリズムを強引に押し通そうとする攻撃反応の表れと言える。いずれにしても、三つの場面に代表される重苦しい学校（学級）生活への防衛反応としての一面が、子どもたちの示す学校（学級）不適応行動には少なからず反映されていると言えるであろう。

第3節　特別活動の今日的意義
〜重苦しい防衛的風土を緩めて支持的
風土を高める実践が行える代表的な領域〜

　現在、学校教育、とりわけ、教育課程において、構成的グループエンカウンターや学校グループワークトレーニングをはじめとするさまざまなグループアプローチが、学校（学級）づくりの手法として導入され実践されている。こうした手法を導入すれば、即、不登校やいじめ問題の解消につながるとの期待を抱いている教師を見かけることがあるが、大事な点は、どんな方向で実践するかである。

　前出の過度の緊張や競争、あるいは、過熱場面に代表される重苦しい防衛的風土を強める方向で実践すると、子どもたちが学校（学級）に背を向けたり、あるいは、不登校やいじめの引き金になったりしかねない。そうではなく、支持的風土を高める方向での実践が求められているのである。こうした支持的風土を高める実践が行える代表的な領域が特別活動である。

　ところで、支持的風土を高める特別活動の実践において、車の両輪となるものが、「認め合う」集団づくりと「高め合う」集団づくりである。ま

ず、「認め合う」集団づくりであるが、これは、お互いの気づきの「分かち合い」(sharing) を通して、自分や仲間の良さや個性、持ち味を認め合う場や機会を意図的に設定し、子どもたちが自分自身や仲間との折り合いをつけ、「I am OK」と「You are OK」の実感の回復を図ることが期待できる取り組みである。また、心の居場所としての学校（学級）づくりの観点からも、不登校予防に有効な取り組みと言えるであろう。

「認め合う」集団づくりによる「みんな違ってみんないい」の風土の醸成は大事であるが、ただ、てんでんばらばらでは困る。そこで必要となるのが、もう一つの「高め合う」集団づくりである。これは、違う者同士が集まって、自分たちのグループならではの価値や基準、文化の創造を目指すもので、子どもたちが所属集団との折り合いをつけ「We are OK」の実感の回復を図ることが期待できる取り組みである。これはまた、自分たちのグループ独自のものを創り出す「練り上げ」(elaboration) を通して、学校（学級）文化の創造と、さらには、いじめ問題の予防効果が期待できる取り組みでもある。

前者の「認め合う」集団づくりが、子どもたちの人権意識の育成を目指す「癒し系」の実践であるのに対して、後者の「高め合う」集団づくりは、彼らの協働意識の育成を目指す「骨太系」の実践と言えるであろう。この二つの重要な実践が行える代表的な領域が特別活動であり、そこに、筆者は、特別活動の今日的意義を見いだしている。

おわりに

繰り返しになるが、子どもたちの人間関係形成の困難状況を緩和する実践が、教育課程の中で最も期待できる領域、すなわち、自分自身や仲間、所属集団との折り合いがつけられずに苦戦している子どもたちが、もう一度自分自身や仲間、所属集団との折り合いをつけ、「三つのOK」の実感の回復を図る場と機会の宝庫ともいえる領域が特別活動である。

さらに、過度の緊張や競争、過熱場面に代表される重苦しい防衛的風土を緩めて支持的風土を高める実践、すなわち、認め合う・高め合う集団づ

くりを通して、不登校やいじめ問題などの予防効果が期待できる代表的な領域が特別活動と言えるであろう。

このように重要な領域であるが、残念ながら、特別活動に対して、教科の授業準備に支障をきたす余計なもの・お荷物ととらえる教師や、あるいは、特別活動に熱心な同僚を変わり者・変人扱いする教師を見かけることがある。また、筆者が直接耳にしたものとして、「特別活動は特別（に大切にしなくてもよい）活動の略称である」といった陰口も現場ではささやかれている。次の学習指導要領の改訂での存続を危ぶむ声も、特別活動関係者の間からもれ聞こえてくる。

こうした厳しい状況にはあるが、本書を一読して、特別活動は「特別（に大切にしなければならない）活動の略称である」といった実感を多くの読者の皆さまに持っていただきたい。編集を担当する筆者としては、そんな思いを強く抱いている。

【文献一覧】

安井一郎研究代表『児童生徒の社会性を育てる特別活動のカリキュラム開発に関する総合的研究』[第1分冊]第2分冊 資料編（科学研究費補助金〈基盤研究(B)(1)〉研究成果報告）安井一郎、2005年

新井郁男・犬塚文雄・林泰成『道徳教育論』（放送大学教材2005）放送大学教育振興会、2005年

岡田守弘・犬塚文雄・芳川玲子監修『子どもの社会的スキル横浜プログラム（三訂版理論編）』横浜市教育委員会、2012年

第1章

特別活動とは
～目標・内容・特質など～

古市将樹

はじめに

　その当事者でありながら、学校で特別活動という名称を使っている児童・生徒は少ないだろう。そのためか、大学の教職課程の授業で「特別活動」といわれても、初めはなんのことかピンとこない学生が多い。しかし、入学式、文化祭、修学旅行などがそれにあたると聞けば、小学校から高等学校まで、かなりの時間、自分たちが特別活動を経験してきたと気がつくだろう。特別活動は、教科、道徳（高校を除く）、総合的な学習の時間とともに、小・中・高等学校の教育課程を構成している4領域の一つである。それでは、特別活動とはどのような教育課程なのだろうか。本章では、特別活動の目標を、内容、さらに、その特質などを概観したい。

第1節　特別活動の目標

　まずは、2008、2009（平成20、21）年告示『学習指導要領』から、学校種ごとの特別活動の目標について、以前のそれに新たに加わった部分、校種ごとの違いや共通点を確認する（以下、下線は全て筆者による）。

1　小学校の目標

　　　望ましい集団活動を通して、心身の調和のとれた発達と個性の伸長を図り、集団の一員としてよりよい生活や人間関係を築こうとする自主的、実践的な態度を育てるとともに、自己の生き方についての考えを深め、自己を生かす能力を養う。

　以前の学習指導要領からあった「よりよい生活」に、新たに「人間関係」が加えられた。また今回、学習指導要領改訂のポイントの一つに「道徳の充実」があるが、それとの関係から、道徳的実践の指導の充実を図る観点より「自己の生き方についての考えを深め、自己を生かす能力を養

う」が加わっている。さらに、この中にある「能力」という言葉は、これまで中・高等学校の目標にあったが、今回小学校においても目標に登場したものである。

2　中学校の目標

> 望ましい集団活動を通して、心身の調和のとれた発達と個性の伸長を図り、集団や社会の一員としてよりよい生活や人間関係を築こうとする自主的、実践的な態度を育てるとともに、人間としての生き方についての自覚を深め、自己を生かす能力を養う。

中学校の目標には以前のそれからほとんど変更がない。ただ、小学校と同様に、「人間関係」が加えられている。このことによって、従前からの、「集団や社会の一員としてのよりよい生活」がさらに具体化した、「人間関係」の構築という目標が明確化した。また、小学校の目標と違う点は、「社会」が加わっていることと、小学校では「自己の生き方」とされているところが「人間としての生き方」に、そして「考え」とされているところが「自覚」になっているところである。

3　高等学校の目標

> 望ましい集団活動を通して、心身の調和のとれた発達と個性の伸長を図り、集団や社会の一員としてよりよい生活や人間関係を築こうとする自主的、実践的な態度を育てるとともに、人間としての在り方生き方についての自覚を深め、自己を生かす能力を養う。

高等学校の目標にも従前とほとんど変更がない。今回は、小・中学校の目標と同様に、「人間関係」が加えられた。小学校の目標にはなく、中学校のそれに登場する言葉は、高等学校においても継承されている。ただ、中学校の目標と異なる点としては、「在り方」が記されていることがある。

4　特別活動の目標設定について

　現行学習指導要領（以下本稿では便宜的に中学校学習指導要領を用いる）全般は、教育基本法、学校教育法などの改定、さらには、PISA、TIMSSなどの国際的学力調査の結果を踏まえた上で改訂されたものである。そして、改訂にあたっては、「生きる力」という理念の共有、基礎的・基本的な知識・技能の習得、思考力・判断力・表現力などの育成、確かな学力を確立するために必要な授業時数の確保、学習意欲の向上や学習習慣の確立、豊かな心や健やかな体の育成のための、指導の充実などが改善の方向として示された。それにともなって、教育理念・目標が従来以上に細目にわたって明確化されたことが改訂の全般的な特徴である。

　では、特別活動に関してはどうだろうか。学習指導要領の改訂に先だって、中央教育審議会が、2008年1月、「幼稚園、小学校、中学校、高等学校及び特別支援学校の学習指導要領等の改善について」答申において、特別活動の改善の基本方針を以下のように示している。

○　特別活動については、その課題を踏まえ、特別活動と道徳、総合的な学習の時間のそれぞれの役割を明確にし、望ましい集団活動や体験的な活動を通して、豊かな学校生活を築くとともに、公共の精神を養い、社会性の育成を図るという特別活動の特質を踏まえ、特によりよい人間関係を築く力、社会に参画する態度や自治的能力の育成を重視する。また、道徳的実践の指導の充実を図る観点から、目標や内容を見直す。

○　特別活動の各内容のねらいと意義を明確にするため、各内容に係る活動を通して育てたい態度や能力を、特別活動の全体目標を受けて各内容の目標として示す。

○　子どもの自主的、自発的な活動を一層重視するとともに、子どもの実態に適切に対応するため、発達や学年の段階や課題に即した内容を示すなどして、重点的な指導ができるようにする。その際、道徳や総合的な学習の時間などとの有機的な関連を図ったり、指導方法や教材を工夫したりする

ことが必要である。
○　自分に自信がもてず、人間関係に不安を感じていたり、好ましい人間関係を築けず社会性の育成が不十分であったりする状況が見られたりすることから、それらにかかわる力を実践を通して高めるための体験活動や生活を改善する話合い活動、多様な異年齢の子どもたちからなる集団による活動を一層重視する。
　　特に体験活動については、体験を通して感じたり、気付いたりしたことを振り返り、言葉でまとめたり、発表し合ったりする活動を重視する。

『学習指導要領解説』によると、この答申を受けて示された改訂の要点の中で、「特別活動が、よりよい生活や人間関係を築こうとする自主的、実践的な態度を育てる教育活動であることをより一層明確にするため、目標に『人間関係』を加えた。このことによって、集団や社会の一員として、協力して学校生活の充実と発展に主体的にかかわる教育活動としての意義を明確にした」とされている。これは、近年の情報化、都市化、少子高齢化などの社会状況の変化にともない、以前と比べて、直接的に他者とかかわる生活体験が不足している現状や、他者と共生するための規範意識が薄くなっている現状において、「人間関係」を構築する基礎的な力が低下しているという「課題」に対応することが特別活動に期待されているからである。

このように、特別活動の目標は、小・中・高等学校ごとに、児童・生徒の心身の発達段階や生活範囲の拡大などを考慮しながら、普遍的に生徒に身につけてもらいたいものであると同時に、社会状況や時代状況に即した、アップ・トゥ・デイトなものが設定されている。

第2節　特別活動の内容

1　特別活動の領域

　次に、特別活動にはどのような内容があるのか。それは、学校種によって名称の異なる部分があるが、以下のように、共通した3領域（小学校は「クラブ活動」を含めて4領域）からできている**(表)**。

　この中で、小・中学校の「学級活動」が高等学校では「ホームルーム活動」になっているのは、選択教科が大幅に増える高等学校においては、'study room'と'home room'を分けた方が適当という実態的な理由からである。

　また、「児童会活動」と「生徒会活動」の名称の違いは、各種法令における「児童」と「生徒」の使い分けに対応してのことである。

　さらに、中・高等学校のクラブ活動は、1998、1999（平成10、11）年告示学習指導要領において削除された。それは、児童・生徒の興味・関心の多様化から、学校が全ての希望に対して人的にも物的にも対応することがむずかしいことや、以前から行われていた部活動があることなどの理由からである。

2　領域ごとの内容

　学習指導要領には、中学校特別活動の3領域ごとの内容が以下のように記されている。

表●特別活動の内容　　（筆者作成）

小学校	中学校	高等学校
学級活動	学級活動	ホームルーム活動
児童会活動	生徒会活動	生徒会活動
学校行事	学校行事	学校行事
クラブ活動		

1）学級活動
内容：学級を単位として、学級や学校の生活の充実と向上、生徒が当面する諸課題への対応に資する活動を行うこと。
（1）学級や学校の生活づくり
　①学級や学校における生活上の諸問題の解決、②学級内の組織づくりや仕事の分担処理、③学校における多様な集団の生活の向上
（2）適応と成長及び健康安全
　①思春期の不安や悩みとその解決、②自己及び他者の個性の理解と尊重、③社会の一員としての自覚と責任、④男女相互の理解と協力、⑤望ましい人間関係の確立、⑥ボランティア活動の意義の理解と参加、⑦心身ともに健康で安全な生活態度や習慣の形成、⑧性的な発達への適応、⑨食育の観点を踏まえた学校給食と望ましい食習慣の形成
（3）学業と進路
　①学ぶことと働くことの意義の理解、②自主的な学習態度の形成と学校図書館の利用、③進路適性の吟味と進路情報の活用、④望ましい勤労観・職業観の形成、⑤主体的な進路の選択と将来設計

2）生徒会活動
内容：学校の全生徒をもって組織する生徒会において、学校生活の充実と向上を図る活動を行うこと。
（1）生徒会の計画や運営
（2）異年齢集団による交流
（3）生徒の諸活動についての連絡調整
（4）学校行事への協力
（5）ボランティア活動などの社会参加

3）学校行事
内容：全校又は学年を単位として、学校生活に秩序と変化を与え、学校生活の充実と発展に資する体験的な活動を行うこと。

① 儀式的行事

　学校生活に有意義な変化や折り目を付け、厳粛で清新な気分を味わい、新しい生活の展開への動機付けとなるような活動を行うこと。

② 文化的行事

　平素の学習活動の成果を発表し、その向上の意欲を一層高めたり、文化や芸術に親しんだりするような活動を行うこと。

③ 健康安全・体育的行事

　心身の健全な発達や健康の保持増進などについての理解を深め、安全な行動や規律ある集団行動の体得、運動に親しむ態度の育成、責任感や連帯感の涵養、体力の向上などに資するような活動を行うこと。

④ 旅行・集団宿泊的行事

　平素と異なる生活環境にあって、見聞を広め、自然や文化などに親しむとともに、集団生活の在り方や公衆道徳などについての望ましい体験を積むことができるような活動を行うこと。

⑤ 勤労生産・奉仕的行事

　勤労の尊さや創造することの喜びを体得し、職場体験などの職業や進路にかかわる啓発的な体験が得られるようにするとともに、共に助け合って生きることの喜びを体得し、ボランティア活動などの社会奉仕の精神を養う体験が得られるような活動を行うこと。

　学級活動に記されている内容には、個人的なものから、他者との関係に起因するもの、集団ならではのものまで、およそ中学生が直面すると予想されるさまざまな「課題」が列挙されている。学級を小さな社会（コミュニティー）ととらえれば、自分と同じような課題をかかえる他の生徒とともに課題に正対し、解決に向けて努めながら、自分たちの社会を形成していくことを学ぶことが学級活動の内容と言えるだろう。

　しかし、生徒は一つの社会でのみ生きているのではない。複層した多元的な社会で生きていると考えれば、他の学級との連携や、数年の違いとはいえ、他学年を含めた学校全体を組織化し、調整を図ることは、自分たち

がより大きな社会にも所属していることを実感し、自治的に、そこを居心地がよく、よりよい生活ができる社会に変えてゆくことを学ぶ、それが生徒会活動と言えるだろう。

さらに、学校は、教科の学習を中心とした生活習慣を身につける場所でもあるが、時間割に即した日常が、生徒たちの生活の全てでもない。時にはイレギュラーな、非日常といってもいいであろう時間・出来事のあるのが現実の社会である。その点で、学校以外の人々や組織・集団との接触・協働が期待できる学校行事を体験する意義は大きいだろう。

以上のように、特別活動の内容は、現実の社会に生きることを、社会に出る前に擬似的に体験できる構造になっている。

3　領域ごとの目標

特別活動の内容を構成する領域ごとの目標には、共通する言葉として「参画」と「態度」がある。これらを中心に考えると、その目標は次のように解釈できる。まず、目標は次のように記されている。

〈学級活動〉
　学級活動を通して、望ましい人間関係を形成し、集団の一員として学級や学校におけるよりよい生活づくりに参画し、諸問題を解決しようとする自主的，実践的な態度や健全な生活態度を育てる。

〈生徒会活動〉
　生徒会活動を通して、望ましい人間関係を形成し、集団や社会の一員としてよりよい学校生活づくりに参画し、協力して諸問題を解決しようとする自主的、実践的な態度を育てる。

〈学校行事〉
　学校行事を通して、望ましい人間関係を形成し、集団への所属感や連帯感を深め、公共の精神を養い、協力してよりよい学校生活を築こうとする

自主的、実践的な態度を育てる。

　学級活動と生徒会活動には、ともに「参画」することが方法論的に位置づけられている。これによって、生徒は、単に既存の学級や生徒会に加わるのではないことを期待されていることが分かる。「参画」は計画段階から加わるということを意味し、特別活動には、これから自分たちの学級や生徒会を創っていくという自治的な目標がある。
　一方、学校行事では、学級活動や生徒会活動と比べると、より多くの部分で学校や教員が予め用意した、既成の枠組みの中で社会性を養うことが目指されている。そして、３領域に共通のこととして、「態度を育てる」がある。一般的に、態度とは、一つには、なんらかの物事に対する反応としての言葉、表情、動作である。またもう一つには、特定の対象に対する行動の準備状態でもある。そのことからすると、既存の社会の中で生きることも含めて、生活のために自立的・実践的に周囲にかかわる、そのかかわり方を準備的に学ぶことが目標になっていると言える。

第3節　特別活動の特質

　特別活動の大きな特質は、それが「集団活動を通して」の活動の展開であることと、「なすことによって学ぶ」ということにある。これまで見てきた特別活動の目標に沿って、これらの特質をまとめてみたい。

1　「望ましい集団活動を通して」

　「望ましい集団活動」を基本とすることが、特別活動の大きな特質であり、かつこれが方法原理とされている。教科の中でも集団活動が展開されることがある。しかし、その主な目的が教科の学習であるのに対し、特別活動の場合はその展開自体が目的となる。生徒集団が形成されたからといって、はじめから「望ましい集団活動」の展開が保障されているわけで

はない。生徒たちの自主的・実践的な集団活動の展開における相互作用から、望ましい活動を実現してゆくこと自体が目標であり、かつ目標達成のため方法でもある。

2 「心身の調和のとれた発達と個性の伸長」

ここは個人的な資質の育成が目指されている部分である。生徒たちが心身ともに発達の過程にあることを踏まえ、特別活動の指導においては、いわゆる全人的な理解からの指導が求められる。さらに、「個性」をより抽象化して「差異」と考えれば、「個性の伸長」のためには、他者と同じでなければならないと自らを枠にはめるのではなく、自己と他者の差異を理解し認め合うこと、それ以前に、差異を他者に見せることができる、そのような他者と出会うことができる「望ましい集団活動」が求められる。

3 「集団や社会の一員としてよりよい生活や人間関係を築こうとする」

ここは社会的な資質の育成が目指されている部分である。生徒には自分が所属する集団に所属感や連帯感を持ち、集団生活や社会生活の向上のために尽くすことが求められる。生徒たちには、自身に集団や社会を構成している「個人」という側面があることを自覚し、互いの個性を尊重した他者と協力して、生活の向上を目指す「望ましい集団活動」が求められる。

4 「自主的、実践的な態度を育てる」

先述した「望ましい集団活動」といっても、何をもって「望ましい」と判断できるかは一概には言えない。そこにはある程度の一般性があるとしても、何を問題とみなし解決策をどうするかは、最終的に個々の集団によって異なることがあり得る。それは、集団を構成する一人ひとりの生徒が一様ではないからである。教員が意図して何らかの問題を提示しても、生徒自ら考え、決定し、行動する、自主的・実践的な取り組みが、自分たちにとっての「望ましい集団活動」となる。ここに「なすことによって学ぶ」という特別活動の大きな特質の一つがある。

5 「人間としての生き方についての自覚を深め、自己を生かす能力を養う」

いずれ生徒は卒業し生徒ではなくなる。同様に、就職しても、いつかは退職・引退する時期がくるであろう。そのように社会的な身分や立場を変えながら生きてゆく将来的なパースペクティブから、「人間としての生き方」にまで考えを及ぼし、環境が変わっても、個性を大切にしながら集団の一員として他者と共生する「自己を生かす能力」の養成が求められている。特別活動は、こうした将来への「能力を養うこと」自体を、「望ましい集団活動」と「なすことによって学ぶ」を通じて経験する活動である。

おわりに

以上のように特別活動の目的・内容・特質を見てきたが、総じて、問題の解決や課題への対応に際して、判断や行動などで生徒自身に任せる部分が多い特別活動を展開するにあたり、教員には、これまで、「適切な指導」や「ねばり強い援助」が必要とされてきた。本稿では、それに「教員が学びのロール・モデルであること」を付け加えたい。自主性や主体性を重んじるからといって、完全に放任的な状態からそれらが生まれるわけではない。仮に生まれても、放任的な状態では、それらの妥当性を判断することはむずかしい。そこで、「私ならこうするが、君たちならどうする？」という、一種のたたき台が重要になる。それを提示し、さらには、もしも結果が不首尾に終わっても受け入れる度量と姿勢をもつ教員、それが特別活動において求められる「学びのロール・モデル」であろう。この場合、指導の「適切さ」とは、教員が用意している結論へ向けて予定調和的に導くためのものではない。それは、教員の指導や助言を、予め設定されている最終的な正解ととらえずに、生徒が自分たちで判断・行動して、より深化した、高度な活動を展開するための「適切さ」と考えられる。

【文献一覧】

　　北村文夫編著『指導法特別活動』(教科指導法シリーズ) 玉川大学出版部、2011年

　　関川悦雄『最新特別活動の研究』啓明出版、2012年

　　高旗正人・倉田侃司編著『新しい特別活動指導論〔第2版〕』ミネルヴァ書房、2011年

　　林尚示編著『特別活動』(教職シリーズ/新井邦二郎, 新井保幸 監修5) 培風館、2012年

　　文部科学省『小・中・高等学校学習指導要領〈特別活動編〉』文部科学省、平成20・21年

　　文部科学省『小学校学習指導要領解説〈特別活動編〉』東洋館出版社、2008年

　　文部科学省『中学校学習指導要領解説〈特別活動編〉』ぎょうせい、2008年

　　文部科学省『高等学校学習指導要領解説〈特別活動編〉』海文堂出版、2009年

第 2 章

特別活動の成立と発展

深見俊崇

はじめに

　本章では、特別活動の成立と発展を、明治から戦前、そして戦後から現在の大きく二つの時期に分けて確認していく。歴史的な変遷をたどることで、特別活動の内容が、国家・社会からの要請、それぞれの時代の教育思潮を反映しながら現在の実践へとつながっていることを理解することが本章のねらいである。

第1節　戦前における特別活動の淵源

1　「学制」と試験制度

　江戸時代には、各藩に藩校が設置され、民衆教育機関として寺子屋が存在していた。藩校では、漢学・武術などある程度共通の内容が存在していたが、各藩独自の特色ある教育が行われてきた。また、寺子屋でも、子どもたちが読み書き算盤など生活に必要な知識を学んでいたが、それぞれの進度で、個々人の興味・関心に合わせる個別学習が中心であった。つまり、江戸時代においては、自律的・個別的な教育がなされていたことが特徴であった。

　わが国における教育制度の大きな転換点となったのが、明治5（1872）年の近代教育制度に基づく「学制」の発布である。富国強兵・文明開化を目指していた明治政府は、急速な近代化を図るための原動力として学校を位置づけた。「学制」の序文に当たる「学事奨励ニ関スル被仰出書」では、「学問ハ身ヲ立ルノ財本共云ヘキ者」（立身出世）、「必ス邑ニ不学ノ戸ナク家ニ不学ノ人ナカラシメン事ヲ期ス」（国民皆学）との方針を示した。それは、学校教育を通して国民全体の知的水準の向上と同時に、江戸時代の身分制度に替わり、学校教育を通してのエリートの輩出をも企図したものであった。

まず、江戸時代とは異なり、「小学教則」などの法律によって学校の教育内容に関する共通の基準が定められた。各教科で使用する教科書の基準や教授方法の大要が規定されたため、教師は、それにのっとって指導することが求められた。

　そして、子どもたちが教育内容を習得できたかを確認するための方法として試験が導入された。明治初期には、欧米の学校制度をモデルに「等級制」に基づく学校運営がなされ、学習進度別に級分けされていた。下等・上等小学の修業年限は各4年で、それぞれ8級に分かれていた。各級の標準学習期間は6カ月で、進級は必ず試験によることとされた。そのため試験の成績次第で飛び級が認められる者がいた一方、落第する者も相当数いたのである。また「学制」においては、大試験（卒業試験）における官吏の立ち合い（第49章）や成績優秀者に賞を与えること（第51章）が規定されていた。つまり、試験は一大事として認識されていたのである。さらに、明治政府は、学事奨励を進めるための方策として「比較試験」を各地で開催した。「比較試験」とは、学校相互の競争試験のことであり、各学校で選抜された優秀な生徒が、立会人や一般参観者の前で試験を行った。全受験生の成績が公表され、成績優秀者には褒賞も与えられたことから、学校間・生徒間の競争を駆り立てるものであった（『「昭和」の学校行事』）。これらの点から、試験が学校行事としての意味合いを強く帯びていたことがうかがえる。そして、厳しい試験を突破した者だけが卒業を迎えることができたため、卒業は極めて重要な節目であった。それゆえ、「卒業証書授与式（卒業式）」は、学校行事の中心として明治初期から各学校で実施されてきた。

　ちなみに、入学式については、1885（明治18）年の文部省通達による学年制へと移行の後、学年度が4月1日から3月31日までと規定された1892（明治25）年以降に全国の学校に普及していく。

2　「教育勅語」と学校行事の興隆

　明治初期に掲げられた立身出世に基づく個人主義的な教育方針は後に転

換され、道徳教育と国家主義が教育方針の中核をなすこととなる。

　明治天皇の侍補であった元田永孚(ながさね)(1818-1891)は、1879(明治12)年に「教学聖旨」を著し、「智識才芸」に偏した教育を批判し、「仁義忠孝」の道徳教育を中心に据えることを主張した。1880(明治13)年に公布された教育令では、「小学校ハ普通ノ教育ヲ児童ニ授クル所ニシテ其学科ヲ修身読書習字算術地理歴史等ノ初歩トス」と定められ、修身が各教科の筆頭に据えられた。続く1890(明治23)年の小学校令の改定では、「小学校ハ児童身体ノ発達ニ留意シテ道徳教育及国民教育ノ基礎並其生活ニ必須ナル普通ノ知識技能ヲ授クルヲ以テ本旨トス」と定められ、小学校教育の第一として知識技能よりも道徳教育・国民教育を重視する方針が明確に打ち出された。

　そして、1890(明治23)年、教育における国民道徳の規範として「教育ニ関スル勅語」(教育勅語)が発布された。その内容は、次の3点に集約される。①天皇と天皇に忠義を尽くす国民がなす国体こそが教育の淵源(えんげん)である。②「父母ニ孝ニ」などの徳目が列挙されるが、それらは「一旦緩急アレハ義勇公ニ奉シ以テ天壌無窮ノ皇運ヲ扶翼」するため臣民が身につけるべき資質である。③以上のことは古今東西問わず正しい道であり天皇は臣民と共にこの遺訓を守っていくことを誓う。

　教育勅語の発布は、学校教育のさまざまな場面に大きな影響を与えることになる。まず、1891(明治24)年に「小学校祝日大祭日儀式規程」が公布され、三大節(紀元節・天長節・一月一日)と神嘗祭(かんなめさい)・新嘗祭(にいなめさい)の際に式場で行う儀式の内容が規定された。儀式における一連の流れとして、御真影への拝礼、万歳奉祝、勅語奉読、校長からの訓示、唱歌合唱が定式化されたのである。校長からの訓示についても、歴代天皇の盛徳・鴻業(こうぎょう)や祝日大祭日の由来を伝えることで「忠君愛国ノ志気ヲ涵養センコトヲ務ム」ことが定められた。これ以降、祝日大祭日の儀式にとどまらず、入学式や卒業式なども「小学校祝日大祭日儀式規程」に準じる形で行われるようになっていく。

　その他の学校行事についても、これらの動向に伴って組織化・強化が図

られるようになった。天野正輝は、「日清戦争前後におけるナショナリズムの興起を背景として、気力の鍛練、志気の鼓舞を意図して導入された」と論じている（「明治期における徳育重視策の下での評価の特徴」p.97）。なぜなら、集団的規律と行動の訓練を通して、「和や共同一致の精神」を養うことができるからである（「明治期における…」p.99）。以下、代表的な学校行事を取り上げ、それらの変遷を概観していく。

運動会の淵源は、1874（明治7）年に海軍兵学寮で行われた「競闘遊戯会」であるとされる。それ以降、主に大学や中学校などで普及したが、小学校では、1886（明治19）年ごろから開催されるようになった（「小学校の運動会に関する史的考察…」pp.61-62）。しかし、その内容としては、前者は貴族的スポーツが中心であったのに対して、後者は団体競争・隊列運動が中心であった（『「昭和」の学校行事』）。運動会の初期の開催形態として、浜野兼一は、①単独開催の遠行運動、②複数小学校の合同開催、③各学校（県立・公立など）の合同開催、の三つに整理している（「小学校の運動会に関する史的考察…」）。②③の背景として、当時まだ就学率が低く、学校の規模が小さかったため、複数の学校で開催せねばならなかったことが挙げられる。だが、このような開催形態によって、地域・集落の代表として学校が認識されることにつながった。たとえば、鈴木敏夫は、北海道にて行われた連合運動会について、「参加生徒をはるかに上回る住民が会場に繰り出し、宴を張りながら賑やかに見物し」「文化・娯楽に恵まれなかった当時の住民にとって、身体活動を媒介として多くの生徒が興じる運動会は、大きな関心事となった」と紹介している（「北海道における小学校運動会の起源」p.41-42）。つまり、運動会の主眼は、所属する団体（地域・学校）への帰属意識を高め、競争心を高めることにあったのである。

ちなみに、合同運動会に参加するために隊列を組んで競技会場に移動することを「遠足運動」と呼称していた。これが「遠足」の原点である。後に、就学率の向上に伴って、学校単位で運動会が実施されるようになると、校外学習などの意味を込めて遠足が独立した学校行事として行われるようになる。

その後、「小学校祝日大祭日儀式規程」において、「学校長及教員、生徒ヲ率ヰテ体操場ニ臨ミ若クハ野外ニ出テ遊戯体操ヲ行フ等生徒ノ心情ヲシテ快活ナラシメンコトヲ務ムヘシ」と儀式後に遊戯体操を行うと明記されたことで、運動会は、天長節（明治天皇誕生日11月3日・大正以降明治節）に開催されることが主流となっていく。これによって集団間競争と臣民の育成をセットにした運動会のモデルが完成する。1931（昭和6）年に勃発した満州事変以降、戦時色・軍事色が色濃くなり、その方向はますます強化されていくこととなる。

　修学旅行についても明治期に萌芽（ほうが）が見られた。わが国最初の修学旅行とされるのは、1886（明治19）年に東京高等師範学校で実施された「長途遠足」である。それは、兵式体操における行軍旅行として導入が図られたものである。だが、同校教頭の高嶺秀夫は、軍隊的要素が導入されることでは学校の持ち味が発揮されないと、行軍旅行に学術研究の要素を採り入れて修学旅行と称するようになった（『学校ことはじめ事典』）。その後、鉄道の利用によって行軍の要素が切り離されると、野外学習、史跡探勝や慰安的・娯楽的要素が色濃くなった時期も見られた。しかし、明治末期からは伊勢神宮参拝、大正期には宮城（皇居）参拝が盛んになっていき、修学旅行は、皇室尊崇・敬神尊崇を目的とするものへと変貌を遂げていく（『「昭和」の学校行事』）。

　学芸会・文化祭などの文化的行事についても確認しておく。文化的行事にまつわるものとして、寺子屋の師匠が門弟や地域の人々を集めて開いた書道の展覧会である「席書」が既に江戸時代から存在した。それを踏襲する形で、明治初期から各学校で児童の習字・作文・絵画などの展示が行われていた。既述の通り、「比較試験」も学習成果を発表する重要な機会となっていた。等級制から学年制・学級制への移行に伴い、試験制度が廃止された。それに替わって父兄を招いての「学芸練習会」「学業練習会」と呼ばれるものが各学校で開催されるようになった。これが後の学芸会へとつながるものである。当初は各教科の学習成果を発表するものだったが、後に、大正期の新教育運動を背景にした芸術運動の興隆によって学校劇が

取り入れられるようになった。ところが、学芸会についても、満州事変以降、軍国主義的な内容へと転換されていく。たとえば、1935（昭和10）年に開催された、ある学校の学芸会では、「爆弾三勇士」「加藤清正」「水兵の母」など、国史劇や戦争にまつわる人物劇が中心となっていた（『「昭和」の学校行事』）。

戦時中にあっては、個々の学校行事にとどまらず、学校生活そのものが行事的なものへ変貌を遂げていく。福田修は、国民学校では「儀式・学校行事・団体訓練が重視され、四大節の儀式だけでなく、登下校の際の御真影奉安殿への拝礼、毎日の国旗掲揚、朝礼での宮城遙拝（ようはい）・行進、神社参拝・清掃などが行われ」たと紹介している（「国家総力戦体制下の教育」p.132）。これはまさに、学校行事が「気力の鍛練、志気の鼓舞を意図して導入」（「明治期における徳育重視策…」）されたことを象徴的に表す事実であろう。

第2節　戦後の特別活動の変遷

敗戦後、わが国の教育制度は劇的に転換した。1947（昭和22）年3月31日に教育基本法が施行され、日本国憲法に示された民主主義・平和主義などの理想の実現を教育によって目指すことが宣言された。そして、1948（昭和23）年6月19日に「教育勅語等排除に関する決議」（衆議院）、「教育勅語等の失効確認に関する決議」（参議院）が決議され、戦前の教育の主柱であった教育勅語は完全に失効・排除された。

1　「自由研究」から「特別教育活動」へ

学校教育における教科などの目標や具体的内容は、「学習指導要領」に示されるようになった。わが国における最初の学習指導要領は、1947（昭和22）年に「学習指導要領一般編（試案）」である。「試案」の文字に示されるように、あくまで方向性を示す参考資料との位置づけであり、実際の

指導内容などは学校・教師に委ねる方針をとっていた。

　1947（昭和22）年の学習指導要領では、現在の特別活動の原型に当たる、「自由研究」が設置された。「自由研究」には、①教科等の発展的な学習や個々の興味・関心に基づく内容を学ぶ時間、②同好の者が集まって行うクラブ活動、③クラスでの当番・学級委員の仕事を行う時間、などが例示された。とりわけ、②③が後の特別活動へと継承される内容だと言える。「自由研究」設置の意図は、「児童の個性の赴くところに従って、それを伸ばして行くことに、この時間を用いて行きたい」と述べられているように、児童・生徒の個性を伸長することにあった。それゆえ、「どの児童も同じことを学ぶ時間として、この時間を用いて行くことは避けたい」と言及されていた。しかし、「自由研究」の趣旨が現場レベルで十分理解されず、授業の補習や延長に終わってしまうなどさまざまな問題点が浮き彫りとなっていった。

　そのような状況から、文部省は、1949（昭和24）年に通達「『新制中学校の教科と時間数』の改正について」を出し、「特別教育活動」を新たに設定して指導内容の明確化を図った。その内容として、運動、趣味、娯楽、ホームルーム活動、その他生徒会などの諸活動、社会・公民的訓練活動などが示された。そして「教師の適切な指導の下に生徒が個々的また協同的に」行うことで、「教師に基づく諸経験とともに生徒に重要な諸経験を与える機会として特に重視する」ことが求められた。

　続く1951（昭和26）年の改訂にあたっては、小学校での自由研究が廃止され、「教科以外の活動」として設定された。その内容として、(a) 民主的組織のもとに、学校全体の児童が学校の経営や活動に協力参加する活動（児童会、児童のさまざまな委員会、児童集会、奉仕活動）、(b) 学級を単位としての活動（学級会、いろいろな委員会、クラブ活動）が例示された。また、中学校・高等学校では先の通達で用いられた「特別教育活動」の名称が継承され、ホームルーム、生徒会、クラブ活動、生徒集会が内容として示された。しかし、その方針としては、「生徒たち自身の手で計画され、組織され、実行され、かつ評価されねばならない。もちろん、教師の指導も大

いに必要ではあるが、それはいつも最小限度にとどめるべきである」(中学校)と明記されたように、「自由研究」の方針が継承されていた。それによって、「みずから民主的生活の方法を学ぶことができ、公民としての資質を高めることができる」との明確な理念があったからである。

　ところが、1958（昭和33）年の学習指導要領の改訂では、児童・生徒中心の方針から、学校の管理下に置く方針へと転換していく。

　本改訂以降、これまで用いられていた「試案」の文字が消え、学習指導要領は、文部省告示として法的拘束力を持つものとなった。小学校についても学習指導要領の中に新たに「特別教育活動」が節立てされ、教育課程を構成する一領域として位置づけられた。これによって、小学校・中学校・高等学校いずれにおいても「特別教育活動」が領域として確立したのである（高等学校については1960〈昭和35〉年改訂）。

　それに伴い、特別教育活動の「目標」「内容」が規定された。たとえば、中学校における特別教育活動の目標として、「生徒の自発的・自治的な活動を通して、楽しく規律正しい学校生活を築き、自主的な生活態度や公民としての資質を育てる」「健全な趣味や豊かな教養を養い、余暇を活用する態度を育て、個性の伸長を助ける」「心身の健康の助長を図るとともに、将来の進路を選択する能力を養う」の三つが掲げられた。また、内容として、小学校では、児童会活動・学級活動・クラブ活動、中学校では、生徒会活動・クラブ活動・学級活動、高等学校では、ホームルーム活動・生徒会活動・クラブ活動が設定された。しかし、これまでの学習指導要領に示されていた「民主的」「民主生活」「民主社会」という文言が消えた上、「特別教育活動においては、生徒の自発的な活動を助長することがたてまえであるが、常に教師の適切な指導が必要である」（中学校）と規定された。すなわち、これまでの学習指導要領とは全く異なる方針が打ち出されたのである。

　また、本改訂において、「学校行事等」も新たに節立てされ、教育課程の一領域として位置づけられるようになった。これについても、「学校が計画し、実施するものであるが、その計画や実施にあたっては、生徒に自

主的な協力をさせるように配慮し、特に特別教育活動との関連を図ることが望ましい」（中学校）と明記された。すなわち、主体は学校であって、あくまで生徒は「自主的な協力をさせる」役割でしかないと宣言したのである。さらに、「国民の祝日などにおいて儀式などを行う場合には、児童に対してこれらの祝日などの意義を理解させるとともに、国旗を掲揚し、君が代をせい唱させることが望ましい」（小学校）と、国旗掲揚・君が代斉唱が盛り込まれた。あくまで「望ましい」とされたものの、学校行事などを復古的に変えるものであったことは間違いない。

2 「特別活動」の成立

1968（昭和43）年の小学校学習指導要領、1969（昭和44）年の中学校学習指導要領の改訂において、「特別教育活動」と「学校行事等」が統合され、「特別活動」として再編された。なお、高等学校については、1970（昭和45）年の改訂で「各教科以外の教育活動」が設置された。その内容として、小学校においては、児童活動・学校行事・学級指導、中学校においては、生徒活動・学級指導・学校行事、高等学校においては、ホームルーム・生徒会活動・クラブ活動・学校行事が示された。

本改訂における特徴として、従来の児童会・生徒会活動、学級会活動、クラブ活動が「児童活動」「生徒活動」に統合された上で、「学級指導」が新たに設置したことが挙げられる。その背景として、1964（昭和39）年をピークとする少年非行の増大への対策として、生徒指導を充実させるねらいがあったと指摘されている（『特別活動の基礎理論と実践』）。ところが「児童（生徒）活動」と「学級指導」の形式上の区分は、児童・生徒の自発的・自治的活動と教師の意図的・計画的な指導との分離につながった。

もう一つの特徴は、中・高等学校におけるクラブ活動の必修化である。「クラブは、学年や学級の所属を離れて共通の興味や関心をもつ生徒をもって組織することをたてまえとし、全生徒が文化的、体育的または生産的な活動を行なうこと」（中学校）、「全生徒がいずれかのクラブに所属するものとすること」（高等学校）が明記された。これ以降、時間割に組み

込まれた「クラブ活動」と放課後の「部活動」が併存することとなった。

続く1977（昭和52）年の改訂で、高等学校においても特別活動の名称が用いられるようになり、小・中・高等学校で内容としての一貫性が図られるようになった。本改訂においては、内容の構成は従来通りであったが、「学級指導」の項目で学業指導や進路指導に関する例示が増加した。また、勤労・生産的行事に「奉仕の精神」（小学校）と「社会奉仕」（中学校）が追加されたり、「国旗を掲揚し、国歌を齊唱させることが望ましい」と「君が代」が「国歌」として表記されたりしたことも特徴として挙げられる。

1989（平成元）年の改訂においては、関心・意欲・態度を重視する「新学力観」や個性の重視が打ち出された。教育課程の編成については、小学校低学年における理科・社会科が廃止され、生活科が新設された。

特別活動においては、学級会活動と学級指導が統合され「学級活動」が新設された。先に述べた通り、児童・生徒の自発的・自治的活動と教師の意図的・計画的な指導という分離が有効に機能しなかったことがその背景として挙げられる。小学校においては、学級活動・児童会活動・クラブ活動・学校行事、中学校においては、学級活動・生徒会活動・クラブ活動・学校行事、高等学校においては、ホームルーム活動・生徒会活動・クラブ活動・学校行事と、現在に至る基本的な枠組みへと整理された。しかし、中・高等学校の「部活動への参加をもってクラブ活動の一部又は全部の履修に替えることができる」と示されたことで時間割枠内からクラブ活動が、姿を消す学校も少なからず見られるようになった（『部活動』）。

本改訂における特色として、1984（昭和59）年に設置された「臨時教育審議会」（臨教審）の議論・答申を反映した道徳教育強化の方針が確認できる。まず、学級活動・ホームルーム活動が、「健全な生活態度の育成に資する活動」として設定された。学校行事については、「学校生活に秩序と変化を与え、集団への所属感を深め、学校生活の充実と発展に資する体験的な活動を行うこと」と規定されることで、「集団への所属感」と「体験的活動」がうたわれた。また、「勤労・生産的行事」が「勤労生産・奉

仕的行事」へと変更され、「ボランティア活動など社会奉仕の精神を涵養する体験」（中・高等学校では「養う体験」）が打ち出された。さらに、「入学式や卒業式などにおいては、その意義を踏まえ、国旗を掲揚するとともに、国歌を斉唱するよう指導するものとする」とされ、これまでの「望ましい」から「義務付け」の方向へ転換した。

1998（平成10）年の改訂においては、いわゆる「ゆとり教育」として、完全週5日制の実施、「総合的な学習の時間」の新設、選択教科の拡充に見られるように、各学校の特色ある取り組みによって児童・生徒が主体的に学び、生きる力を身につけることが目指された。

特別活動においては、中・高等学校におけるクラブ活動が削除され、学級活動・ホームルーム活動、生徒会活動、学校行事という三つの領域によって構成されることになった（小学校についてはクラブ活動が存続）。本改訂にあたって、「家庭や地域の人々との連携、社会教育施設等の活用など」「幼児、高齢者、障害のある人々などとの触れ合い、自然体験や社会体験などを充実するよう工夫すること」が明記された。つまり、多様な場において、多様な人々とかかわりながら特別活動を展開していくことが求められたのである。

2008（平成20）年の改訂においては、先の改訂後に起こった学力低下論争を背景に「確かな学力」の定着を目指した授業時数・学習内容の増加が図られた。それに伴い、選択教科が廃止され、「総合的な学習の時間」の時間数も大幅に削減された。

特別活動においては、小学校・高等学校の目標に「人間関係」が追記され、「よりよい生活や人間関係を築こうとする自主的、実践的な態度を育てる」ことが小・中・高等学校で共通に設定された。また、それぞれの内容に目標が示されるようになり、小学校における学級活動では、第1・2学年、第3・4学年、第5・6学年の内容が明示された。また、各教科などと指導との関連を図ることが新たに明記され、「話し合い活動」「振り返り、まとめたり、発表し合ったりするなどの活動」といった言語活動の充実が特別活動においても目指されている。

おわりに

　本章では、明治期から戦前、そして戦後から現在にかけての特別活動の歴史的変遷をたどってきた。そこから明らかになった点は、戦前においては、道徳教育と国家主義に基づいて学校行事が導入・強化されてきたことである。入学式・卒業式などの儀式的行事、運動会・遠足・修学旅行などは、臣民としての集団意識を形成するための重要な機能を担ってきた。満州事変以降、それらが軍事色・戦時色に彩られるようになっていくのは、それを裏書きするものであろう。

　それに対して戦後においては、民主主義を実現する理念の下、公民的な資質を高めるための自主的・自律的な活動として位置づけられてきた。教師の指導に関しての言及があるものの、基本的には児童・生徒が主体として計画・活動するものであると認識されていた。だが、1958（昭和33）年の学習指導要領の改訂以降、学校・教師の計画・指導の下で行う活動へと転換された。その方向性は強化され、現在に至っている。そして、学校外とのつながり、他教科・領域との指導の関連などより多元的な指導が教師に求められるようになってきている。

　このような歴史的背景を理解することで、特別活動のあるべき姿や求められる内容とは何かを問い直し続けていくことが求められるのである。現代の社会にあって、はたして現行の特別活動が妥当なのか、はたまた変革すべきものなのか、その問題に真正面から取り組んでいくことは、避けて通ることができないのである。

【文献一覧】

　　天野正輝「明治期における徳育重視策の下での評価の特徴」『龍谷大学論集』
　　　　第471号、2008年
　　宇留田敬一編『特別活動の基礎理論と実践』明治図書出版、1992年
　　今野敏彦『「昭和」の学校行事』日本図書センター、1989年

佐藤秀夫『学校ことはじめ事典』小学館、1987年
鈴木敏夫「北海道における小学校運動会の起源」『北海道大学大学院教育学研究科紀要』第89号、2003年
西島央編著『部活動：その現状とこれからのあり方』学事出版、2006年
浜野兼一「小学校の運動会に関する史的考察―運動会の萌芽期にみる事例分析を通して―」『早稲田大学大学院教育学研究科紀要』別冊12号－1、2004年
福田修「国家総力戦体制下の教育」寄田啓夫・山中芳和編著『日本の教育の歴史と思想』〔Minerva教職講座:2〕、ミネルヴァ書房、2002年

第3章

特別活動と教育課程
～各教科・道徳・外国語活動・総合との関連～

富村　誠

はじめに

　教育課程（Curriculum）とは、「学校教育の目的や目標を達成するために、教育の内容を児童〔生徒〕の心身の発達に応じ、授業時数との関連において総合的に組織した学校の教育計画」（『学習指導要領解説 総則編』小：2008年、p.8、〔中：2008年、p.9、高：2009年、p.8〕以下『総則編』と略記）を意味し、その教育課程の一領域が特別活動である。
　本章では、教育課程における位置づけ〔第1節〕、各教科などとの具体的な関連〔第2節〕および関連を生かす実践化のポイント〔第3節〕について述べる。

第1節　教育課程における位置づけ

　「位置づけの特色」は何か。本節では、第1に学校教育法施行規則の規定をもとに教育課程を概観し、教科と教科外の二つから構成されていること、第2に「教：教える」営みである教科との比較をもとに、教科外の特別活動の特色は「育：育み育てる」営みであることについて述べる。

1　教科課程と教科外課程

　学校種ごとに、教育課程にかかる規定を示すと、**表**の通りである。

（1）教科課程

　前半に規定されているのが各教科（高等学校は「各教科に属する科目」であるが、以下「各教科」と略記する）であり、「目標」「内容」「学年配当」の全てが学習指導要領に示されるとともに、学校教育法第34条第1項において「文部科学大臣の検定を経た教科用図書又は文部科学省が著作の名義を有する教科用図書を用いなければならない」と定められている。教科課程とは、教科用図書、つまり、教科書のある教育課程である（「内容」「学

表●学校種ごとの教育課程にかかる規定

■ 小学校〔学校教育法施行規則 第50条〕小学校の教育課程は、国語、社会、算数、理科、生活、音楽、図画工作、家庭及び体育の各教科（以下この節において「各教科」という。）、道徳、外国語活動、総合的な学習の時間並びに特別活動によって編成するものとする。
■ 中学校〔学校教育法施行規則 第72条〕中学校の教育課程は、国語、社会、数学、理科、音楽、美術、保健体育、技術・家庭及び外国語の各教科（以下本章及び第七章中「各教科」という。）、道徳、総合的な学習の時間並びに特別活動によって編成するものとする。
■ 高等学校〔学校教育法施行規則 第83条〕高等学校の教育課程は、別表第三に定める各教科に属する科目、総合的な学習の時間及び特別活動によって編成するものとする。

出典：〔『総則編』：（小）p.102、（中）p.104、（高）p.125〕規定中の下線は筆者

年配当」という具体に至る全てが明確であるために、教科書の作成や検定ができるともいえる）。

（2）教科外課程

　下線を付した規定後半に示されているのが道徳（小・中のみ）、外国語活動（小のみ）、総合的な学習の時間（小・中・高）および特別活動（小・中・高）であり、学習指導要領において「目標」を明確に示しているものの「内容」「学年配当」は例示を含めているとともに、学校教育法第34条第2項において「教科用図書以外の図書その他の教材で、有益適切なものは、これを使用することができる」と定められている。たとえば、特別活動では、学級（高：ホームルーム）活動、児童会（中・高：生徒会）活動、クラブ活動（小のみ）、学校行事の四つ（中・高：三つ）の「内容」、学校行事にあっては五つの「内容」（儀式的、文化的、健康安全・体育的、遠足〔中・高：旅行〕・集団宿泊的、勤労生産・奉仕的行事）を明示している。他方、遠足（旅行）・集団宿泊的行事の「内容」の具体に至っては、「遠足、修学旅行、野外活動、集団宿泊的活動などが考えられる。」（『学習指導要領解説 特別活動編』小：p.93、以下『特活編』と略記）、「遠足、修学旅行、移

動教室、集団宿泊、野外活動などが考えられる。」(『特活編』中：p.80、高：p.61) と、例示にとどめられている。修学旅行のように「学年配当」が結果的に小6・中3・高2になる場合が多いにせよ、学習指導要領において「学年配当」が明確に示されているわけではない。次に、たとえば、道徳の『心のノート』や外国語活動の『英語ノート』は、「使用することができる」補助教材であり、先の教科書のような「用いなければならない」ものではない。教科外課程とは、教科書のある教科の外の教育課程である。

2　特別活動の教科外課程としての特色

前項で概観したように、教育課程は、教科書の有・無の別を伴う教科・教科外の2課程から構成される。本項では、2課程での学びを比較し、特別活動の教科外課程としての特色について述べる。

教育課程の「教育」は、「教」と「育」から成り立っている。教育の「教」に相当する領域を主に担うのが教科課程であり、前項で記したように、教えるべき知識（分かる）や技能（できる）は学習指導要領において明示され、教科書を用いた学習指導が求められる。他方、教育の「育」に相当する領域を主に担うのが教科外課程であり、育てるべき意欲・関心という態度（よりよくなろうとする）は学習指導要領において「目標」として明示されているが、「内容」は例示が含まれ、学習指導の具体は各学校に委ねられている。

教科外課程で目標とする意欲・関心という態度は、教えることができない。意欲・関心は、具体的な活動や体験を通して育み育てられる。特別活動・学校行事の遠足（旅行）・集団宿泊的行事の内容として例示されている修学旅行を例にすれば、次のような一連の活動や体験である。

　　　　児童生徒に「楽しい修学旅行にしよう」と呼びかける。児童生徒は、呼びかけに応え、「どのような旅行にしようか」と考え、「そのような旅行にするため何をするか」と具体化し、準備に励む。旅行中に「うまくできているか」と反省会で振り返り、順調ならば喜び、不調であれば問題点に対

する改善策を考え合い、実行する。たとえば、集合時刻に遅れがちだという問題点の場合、○○さんの提案「5分前に集合するよう努力しよう」のおかげで次の日は集合時刻に全員が集合できて大喜び。「よし、明日は最終日だ。思い出に残る楽しい修学旅行になりそうだ」と笑顔で語り合う。

　教師の指導は、「楽しい修学旅行にしよう」というテーマにかかる問題解決の場を設定すること、旅行中に「振り返る場」として反省会を設定することの2点である。教師は、児童生徒が問題解決に向けて自らの発想や考えで探究するのを支援する。問題が解決したときの児童生徒の喜びは大きく、自信や有能感を抱き深めていくことができる。

　児童生徒の立場からすると、教科外課程における教師の存在は不明瞭である。教科課程における授業のように、黒板を背にして教科書をもとに知識・技能が修得できるように努めたり、修得できているか否かを測定するための試験を実施したりする教師の姿はない。この修学旅行の例のように、教科外課程における教師は、教えていない。しかし、教師は、意欲・関心という態度（よりよくなろうとする）を確かに育み育てているのである。

　「教：教える」営みと「育：育み育てる」営み、教科課程と教科外課程の双方があってこその教育課程である。2領域に軽重の差があるわけではない。2領域の違いは、「教育の内容」において、「教」える内容と「育」み「育」てる内容という異なりがあることである。差は解消しなければならないが、異なりは尊重し生かし合っていくことが重要である。この、異なりを尊重し、互いに生かし合っていこうとする工夫が、『総則編』に示されている配慮事項「各教科等の関連を図る」（小：pp.46-47、中：pp.49-50、高：pp.60-61）ことにほかならない。

第2節　各教科などとの具体的な関連

　「各教科等の関連を図る」とは、どのようなことか。本節では、第1に

特別活動と各教科（小・中・高）および外国語活動（小のみ）、第2に特別活動と道徳（小・中、小・中・高：道徳教育）、第3に特別活動と総合的な学習の時間（小・中・高）との具体的な関連について概述する。なお、「各教科等」とは、『総則編』によると、小学校では「各教科、道徳、外国語活動、総合的な学習の時間及び特別活動」(p.110)、中学校では「各教科、道徳、総合的な学習の時間及び特別活動」(p.111)、高等学校では「各教科・科目、総合的な学習の時間及び特別活動」(p.140) のことであり、各学校種での教育課程を意味する用語である。

1 各教科および外国語活動との関連

日常の各教科の学習で修得した知識・技能が「自主的、実践的な態度」を小・中・高の共通目標原理とする特別活動で生かされ、他方、集団活動を通して培われた「自主的、実践的な態度」や生活・学習集団としての学級（ホームルーム）の教育的雰囲気が各教科の学習を促進する。また、外国語活動（小5・6年）で目標とする「積極的にコミュニケーションを図ろうとする態度」（『小学校学習指導要領解説外国語活動編』p.7、以下『外国語活動編』と略記）が望ましい人間関係の形成を目標とする特別活動で生かされ、他方、各教科の場合と同様に、自主的で実践的な態度や教育的雰囲気が外国語活動における学習を促進する。

各教科および外国語活動と特別活動は、互いに支え合い、補い合う関係にある。その関連の具体を概述すると、次の通りである。

(1) 各教科および外国語活動から特別活動への関連

各教科から特別活動への技能面での関連では、各学校種に共通して、国語科を中心とした教科（科目）で修得した言語能力と特別活動の各活動・学校行事で重視されている「話合い活動」との関連がある。たとえば、「言葉を的確に理解したり表現したりする能力」「互いの立場や考えを尊重し伝え合う能力」「要約して記録する能力」（『特活編』小：pp.42-43）、「言語等による表現や発表」（『特活編』中：p.17）、「ディスカッションや自己

表現・発表」(『特活編』高：p.15)の諸能力を児童生徒が身につけていれば、特別活動での「話合い活動」へ、自主的、実践的に取り組んでいくことができる。また知識面では、国語科や体育科、家庭科の学習の充実と小学校学級活動の共通項目「学校図書館の利用」や「心身ともに健康で安全な生活態度の形成」「食育の観点を踏まえた学校給食と望ましい食習慣の形成」(『特活編』小：p.43)、公民科の科目「現代社会」「倫理」の学習の充実と高等学校ホームルーム活動の指導項目「望ましい勤労観・職業観の確立」(『特活編』高：p.31)との関連がある。

　外国語活動から特別活動への関連では、目標とする「積極的にコミュニケーションを図ろうとする態度」が「外国語を注意深く聞いて相手の思いを理解しようとしたり、他者に対して自分の思いを伝えることの難しさや大切さを実感したりしながら、積極的に自分の思いを伝えようとする態度」(『外国語活動編』pp.7-8)を意味するだけに、その態度の育成は、望ましい人間関係の形成へ生かされていく。日本語で進められる特別活動の「話合い活動」にあって、注意深く聞く必要性や切実感を無理なく自然に抱かせることができる外国語活動との関連を図ることは重要である。

(2) 特別活動から各教科および外国語活動への関連

　『特活編』によると、「自主的、実践的な態度」とは「自分たちで決めた目標の達成を目指し、現実に即して実行可能な方法について考えながら着実に遂行する」(小：p.31)、「自分がいかに行動すればよいかを自ら深く考えたり、感情や衝動を自ら制御して、自ら決定した行動を状況に応じて着実に遂行したり、現実に即して実行可能な方法をとったりする」(中：p.10、高：p.8)態度である。また、教育的雰囲気とは「仲良く助け合おうとする」「協力し合おうとする」「信頼し支え合おうとする」(小：p.32、順に低・中・高学年)、「温かな雰囲気」(中：p.18)、「相互の受容と共感による親密な人間関係に基づく家庭的な雰囲気」(高：p.18)である。

　目標達成を目指したり自己決定した行動を遂行したりする態度が、各教科や外国語活動での学習の確かさ、協力し合おうとする温かで家庭的な雰

囲気が各教科や外国語活動での学習の楽しさに結びついていく。目標達成を軽んじる態度や冷たく相互監視的な雰囲気の中では、分かる（知識）・できる（技能）ようになろうとする営みが促進されることは難しい。特別活動は、各教科や外国語活動での学習の確かさと楽しさを保証する基盤として重要なのである。

2　道徳との関連

「道徳」は、学校の教育活動全体を通じてそれぞれの特質に応じて行われる「道徳教育」（小・中・高）と、それらを補充、深化、統合する「道徳の時間」（小・中）との総称である。本項では、第1に特別活動における道徳教育、第2に道徳の時間との関連の具体について概述する。

（1）特別活動における道徳教育

集団活動を通して身につけることが期待できる道徳性の一つとして、『特活編』では「自分たちで約束をつくって守ろうとする態度」（小：p.25、中：p.19）、「集団や社会の一員としてよりよい生活づくりに参画する態度」（高：p.20）が例示されている。小・中で例示されている態度は、道徳教育における内容項目4「主として集団や社会とのかかわりに関すること」の（1）「約束や社会のきまりを守り、公徳心をもつ」（小学校中学年、『学習指導要領解説道徳編』p.52、以下『道徳編』と略記）、「法やきまりの意義を理解し、遵守するとともに、自他の権利を重んじ義務を確実に果たして、社会の秩序と規律を高めるように努める」（『道徳編』中：p.54）と関連する。また、高等学校で例示されている態度は、総則第1款「教育課程編成の一般方針」の2「学校における道徳教育」にある「社会連帯の精神並びに義務を果たし責任を重んずる態度」（『総則編』p.18）と関連している。

特別活動の特質である集団活動の望ましさとして、『特活編』によると、「一人一人の自発的な思いや願いが尊重され」（小：p.9）「集団の各成員が互いに人格を尊重」（中：p.8、高：p.7）すること、「一人一人が役割を分担し、その役割を全員が共通に理解し、自分の役割や責任を果たす」（小：

p.9)「民主的な手続きを通して、集団の目指すべき目標や集団規範を設定」（中：p.8、高：p.7）することがある。かかる集団活動を通すことによって、道徳教育の期する道徳性の育成が無理なく自然に図られるのである。

（2）道徳の時間との関連

　道徳の時間の目標は「道徳的価値の自覚及び自己の生き方についての考え〔道徳的価値及びそれに基づいた人間としての生き方についての自覚〕を深め、道徳的実践力を育成する」（『道徳編』小：p.29〔中：p.30〕）ことであり、生き方についての考えや自覚を深めることが、両学校種の特別活動の目標と共通する。その関連の具体を概述すると、次の通りである。

　① 道徳の時間から特別活動への関連

　『特活編』によると、「道徳の時間に育成した道徳実践力について、よりよい学級や人間関係を築こうとする実践的な活動の中で実際に言動に表すとともに、集団〔や社会〕の一員としてのよりよい生き方についての考えを深めたり、身につけたりする場や機会」（小：p.26〔中：p.20〕）が特別活動であり、道徳の時間から特別活動への関連が効果的であると説明されている。たとえば、小学校学級活動の共通事項（2）のア「希望や目標をもって生きる態度の形成」（『特活編』p.37）の学習に先立って、道徳の時間に、内容項目１「主として自分自身に関すること」の（2）「より高い目標を立て、希望と勇気をもってくじけないで努力する」（高学年、『道徳編』p.54）ことの大切さに気づく判断力（道徳的心情、道徳的判断力、道徳的実践意欲・態度の三つの力の総称が道徳的実践力）を高めておくという関連である。

　読み物資料を通して「志を立て、目標に向かって希望をもって努力した」登場人物の素晴らしさに気づいた後、学級活動では「将来の夢について考えよう」をテーマとすることで、主体的に考える場がつくられていく。

　② 特別活動から道徳の時間への関連

　『道徳編』によると、「特別活動におけるさまざまな活動において経験した道徳的行為や道徳的実践について、道徳の時間にそれらについて取り上

げ、学級の児童〔生徒〕全体でその道徳的意義について考えられるようにし、道徳的価値として自覚できるようにしていく」(小：p.110〔中：pp.114-115〕)、特別活動から道徳の時間への関連が効果的である。たとえば、遠足・集団宿泊的行事として自然の中で宿泊した事後学習に、その「昇る朝日に見入って声も出なかった」「冷えた身体で宿所に戻ると温かな朝食が用意されていてうれしかった」という体験の価値について道徳の時間で自覚させていくという関連である。内容項目3「主として自然や崇高なものとのかかわりに関すること」の(2)「自然のすばらしさや不思議さに感動し、自然や動植物を大切にする」(中学年、『道徳編』p.51)や、内容項目2「主として他の人とのかかわりに関すること」の(4)「生活を支えている人々や高齢者に、尊敬と感謝の気持ちをもって接する」(中学年、『道徳編』p.51)ことの価値について、声も出ないほど感動した、うれしさを「いただきます」と大声で表した体験をもとに読み物資料を読み進めていく。登場人物の感動ではなく、自ら感動したという既有体験があってこそ、より深く自覚する場となるのである。

3　総合的な学習の時間との関連

　特別活動の特質は「望ましい集団活動を通して」、総合的な学習の時間の特質は「横断的・総合的な学習や探究的な学習を通して」能力や態度を育成していくことであり、異なっている。他方、この双方の異なり、つまり、固有性があるからこそ、関連を図る際に、双方の特質を補い合うこともできる。その関連の具体を概述すると、次の通りである。

(1) 総合的な学習の時間から特別活動への関連

　総合的な学習の時間ならではの探究的な学習を通して修得されていく「課題の設定→情報の収集→整理・分析→まとめ・表現」という探究の過程(『学習指導要領解説 総合的な学習の時間編』小：pp.86-91、中：pp.84-89、高：pp.71-75、以下『総合編』と略記)は、特別活動で育てることが求められる社会的な資質である「よりよい生活や人間関係を築こうとする自主的、

実践的な態度」の基盤を成していく。この社会的な資質を育てる指導のポイントとして、「諸問題の解決に向けて思考・判断を深める」(『特活編』小:p.11) こと、「集団による問題解決の場面では、自己の主張を他に押しつけるだけでなく、自他の主張をそれぞれ生かすことのできる、より高次の立場を発見する必要があること」(『特活編』中:p.10、高:p.8) が挙げられている。この特別活動で必要とされる学びは、探究の過程を経て「相手意識や目的意識を明確にしてまとめたり、表現したりすること」「自分自身の考えや新たな課題を自覚すること」(『総合編』小:p.90、中:p.88、高:p.74) を修得する、総合的な学習の時間での学びが基盤にあってこそ、よりよく成立するものであり、関連を図る意義は大きい。

(2) 特別活動から総合的な学習の時間への関連

特別活動ならではの集団活動で培われることが期待できる「活動の目標を全員でつくり、その目標について全員が共通の理解をもっていること」「活動の目的を達成するための方法や手段などを全員で考え、話し合い、それを協力して実践できること」(『特活編』小:p.9) は、総合的な学習の時間で育てることが求められる「協同的に取り組む態度」の基盤として重要である。この、「協同的に取り組む態度」を育てる指導のポイントとして、「学級集団や学年集団を生かすことで、個の学習と集団の学習が互いに響き合うことに十分留意し、質の高い学習を成立させること」(『総合編』小:p.93、中:p.91)、「役割を分担して協力すること、話し合いでアイデアを出し合って磨き上げること」(『総合編』高:p.76) が挙げられている。この総合的な学習の時間で必要とされる学びは、学級や学年および学校での集団活動を通すという固有性を有する特別活動での学びが基盤にあってこそ、よりよく成立するものであり、関連を図る意義は大きい。

第3節　関連を生かす実践化のポイント

「関連を生かすポイント」は何か。本節では、第1に教師が指導の時機を逃さないよう指導計画の編成を工夫すること、第2に児童生徒が学習活動の記録や作品をポートフォリオ（Portfolio）として記録・集積することが関連を生かすために必要であることについて概述する。

1　指導の時機を見据えた指導計画の編成

各教科で用いなければならない教科書教材での学びを生かすためには、その内容・時期と特別活動の各活動・学校行事の内容・時期とを関連づけた指導計画とすることが必要である。たとえば、前節第1項で記した国語科での学びを学級活動の共通項目「学校図書館の利用」に生かす場合、梅雨時期で室内で過ごすことが多くなる6月に双方の時期を設定するという工夫である。教科外課程である特別活動では「学校図書館の利用」の指導時期を比較的自由に設定することができるが、教科書教材の配列が6月であるとは限らない。その際は、当該教科（科目）での系統性を確認し、大きな支障がなければ用いる順を変更すればよい。

教科外課程内で関連を生かすためにも、双方の時期を近接させておくことが欠かせない。たとえば、前節第2項で記した遠足・集団宿泊的行事で自然の中での体験を道徳の時間に生かす場合、学校行事の事後指導の一環に道徳の内容項目3「主として自然や崇高なものとのかかわりに関すること」にかかる道徳の時間を設定するという工夫である。自然の中での感動が冷め切ってしまった数カ月後に、「そういえば、昇る朝日はどうでしたか」と語りかけても、その感動がよみがえるわけではない。関連を生かす指導のタイミングやチャンスを逃さずに、指導の時機を見据えて適切な指導内容・時期を位置づける、指導計画の編成が必要である。

2　学習の記録・集積に着目したポートフォリオの作成

　ポートフォリオは、「横断的・総合的な学習を行う観点から、総合的な学習の時間において最も数多く、幅広く行われることが予想される」（『総合編』小：p.67、中：p.66、高：p.57）各教科などとの関連を生かす手立てとして、『総合編』において作成が例示されているものである。

　特別活動での記録や作品としては、学級会（ホームルーム）や委員会およびクラブの「記録ノート」、遠足（旅行）・集団宿泊的行事で作成した「しおり」や文化的行事で使用した「台本」など数多くある。他方、各教科などでも、たとえば、各教科での「学習ノート」「ワークシート」、道徳の時間での「読み物資料」など数多くある。ポートフォリオは、これら数多くの記録や作品の中からテーマに即して取捨選択してファイルに収め、繰り返し振り返ることによって、学びのつながりを意識化させていく。たとえば、国語科で「目的に応じた読書に関する指導事項」（『小学校学習指導要領解説国語編』中学年：pp.65-66、高学年：pp.90-91）について学んだ「ワークシート」を学校図書館の仕組みについて学習する学級会の「記録ノート」とともにファイルに収め、双方の学びを振り返るという工夫である。関連を生かす指導の成果を児童生徒自身が意識できるよう、学習の記録・集積に着目したポートフォリオの作成が必要である。

　なお、ポートフォリオは、その「学習を記録・集積し繰り返し振り返る」という特性を踏まえると、児童生徒が自らの学習状況を振り返る自己評価、互いに見合って気づきを寄せ合う相互評価、教師が読み取り一言添えて学習意欲の向上を図る他者評価といった評価の場で活用することができる。指導と評価の一体化や形成的評価が「指導の過程」への着目によって提唱されている（第6章「特別活動の評価」参照）だけに、ポートフォリオは、特別活動と各教科などとの関連を図る指導・評価の手立てとして重要である。

おわりに

　特別活動の授業時数は、学級（ホームルーム）活動が年間35時間（小学校第1学年のみ34時間）以上、児童会（生徒会）活動、クラブ活動および学校行事については「適切な授業時数を充てるものとする」（『総則』小：p.40、中：p.42、高：p.51）とされている。特別活動は、本来的に各教科などとの関連が求められているわけである。どの月・学期に、どの活動・学校行事をどの程度位置づけて児童生徒を育み育てていくか。その指導計画を適切に編成し、実施・評価する力量が教師に求められているのである。

【文献一覧】

　　文部科学省『小学校学習指導要領解説 外国語活動編』東洋館出版社、2008年
　　文部科学省『学習指導要領解説 総合的な学習の時間編』（小：東洋館出版社、2008年、中：教育出版、2008年、高：海文堂出版、2009年）
　　文部科学省『学習指導要領解説 総則編』（小：東洋館出版社、2008年、中：ぎょうせい、2008年、高：東山書房、2009年）
　　文部科学省『小学校学習指導要領解説 国語編』東洋館出版社、2008年
　　文部科学省『学習指導要領解説 道徳編』（小：東洋館出版社、2008年、中：日本文教出版、2008年）
　　文部科学省『学習指導要領解説 特別活動編』（小：東洋館出版社、2008年、中：ぎょうせい、2008年、高：海文堂出版、2009年）

第4章

特別活動と生徒指導

川野　司

はじめに

　学校は、教師と児童生徒および児童生徒同士の好ましい人間関係が基本であり、そうした望ましい状況での教育が行われていれば、いじめや不登校などの問題は発生しないものである。しかし学校では、依然としていじめや不登校などの生徒指導上の諸問題が発生しており、教師はその対応と指導とに追われている現実も見られる。特にいじめによる自殺者が続いたことでそれが社会問題になり、文部科学省は、いじめに対する緊急調査を実施して、「子どもの命を守るために」という副題のもとに、「いじめ、学校安全等に関する総合的な取組方針」を平成24年9月に公表している。

　本来学校は、元気で明るい心身ともに健康な児童生徒を育てることが使命である。そのために各学校では知育・徳育・体育にかかわる教育課程が編成され、教育目標達成に向けた全人教育が進められている。そうしたなか、特別活動は、児童生徒の徳育面と体育面での人格形成に大きな役割を果たしている。児童生徒は、この特別活動という教科外領域における望ましい集団活動を通しながら、自己の心身の調和と個性の伸長を図っているのである。したがって特別活動の領域では児童生徒は、まさに成すことにより、周りの人たちや事物などとの関係性のなかで、自己の生き方を学んでいるといえる。本章では、特別活動の特質を踏まえながら、特別活動を生徒指導との関係について考えていきたい。

第1節　特別活動と生徒指導

1　生徒指導とは

　生徒指導という言葉は、小学校、中学校、高等学校のいずれの学校においても日常的に使用されている。多くの場合その意味する内容は、児童生徒の生活面での指導というニュアンスが強く見られる。生徒指導を生活面

での指導と考えた場合、それは生徒指導を狭い範囲内に限定して考えていることになる。別の言い方をすれば、教科指導は主として教科に関する指導が中心なので、生徒指導はあまり必要ではないのかと言えば、そうではない。生徒指導が十分にできてはじめて教科指導が功を奏するのである。そういう意味では生徒指導は機能概念であり、生活面での指導という狭い領域概念ではないのである。生徒指導は、学校や家庭での生活全般にかかわる総合的指導を含む概念である。生徒指導は人間としての生き方とあり方の指導であり、人間いかに生きるかを指導する人間教育そのものである。

2　生徒指導の内容

生徒指導は生き方の指導であり、よき社会人を育成する教育指導そのものであると言える。児童生徒の顔が違うように、物の見方や考え方は一人ひとり異なっている。生徒指導は、一人ひとりが持っている個性と適性および良さを伸ばし、社会的な資質と能力を身につけさせ、自己実現を図る積極的な指導をしていくことである。生徒指導は学校における児童生徒とのかかわり全てであるから、その内容は広範囲であり、かつ多岐にわたっている。生徒指導は児童生徒の生活全体に及ぶものであるとともに、児童生徒の物の見方や考え方、感じ方など価値にかかわる人格全体に働きかけるものである。

3　生徒指導と特別活動との関係

特別活動は、児童生徒が学級活動や学校行事などの具体的活動を通して、集団の一員としてのよりよい生活と望ましい人間関係を培うものである。人間関係は教師と児童生徒および児童生徒同士とのかかわりであり、それは集団活動と相互のコミュニケーションを媒介にして構築されるものである。

一方、生徒指導は、学校生活全般にかかわる具体的指導であるから、特別活動の場面だけに限った指導ではない。そういう意味では、生徒指導は特別活動を包含した、より広範囲にわたる多面的で多角的な指導が可能となる実践的指導と言える。

第2節 生徒指導と生徒理解

1 生徒指導の意義

　生徒指導は人間としての生き方とあり方の指導である。人間いかに生きるかを指導するのが生徒指導である。そういう意味では生徒指導は、将来の自己の生き方を見つめさせ、社会人として自分の進路を考えさせる指導と言える。問題行動や非行などの生活面の指導だけが生徒指導ではない。それは狭い消極的な意味での生徒指導と言える。

　児童生徒をよりよく指導するのが生徒指導なので、そのためには児童生徒を知ることが前提となる。児童生徒を知らないままでは具体的な指導ができない。児童生徒を知るためには、学校生活全般のあらゆる場面と機会をとらえた理解が必要である。児童生徒を知ることで具体的・効果的な指導が可能になる。

　授業においても生徒指導を踏まえた教科指導をすることが必要になってくる。生徒指導は生き方の指導であり、教育そのものと言える。児童生徒の物の見方や考え方などの価値観は一人ひとり異なっている。生徒指導は、一人ひとりが持っている個性と適性を伸ばし、社会的な資質と能力を身につけさせ、自己実現を図る積極的な指導をしていくことが重要である。

2 生徒理解の考え方

　生徒指導は、前述のように児童生徒を「知る」ことから始めなければならない。目の前の児童生徒を知らないことには、指導も何もないのである。児童生徒を知ることによって相手への理解が深まっていく。何を知るのかと言えば、先ず児童生徒を客観的に把握できる資料を収集することから始めなければならない。生育歴や家庭環境、性格や性行など特性にかかわる資料、学業成績や交友関係などの学校生活全般にかかわる資料、進路や適性に関する客観的なデータなど、多くのことを知る必要がある。児童生徒

の人柄を形成していると思われる多くの情報を知ることで、適切な対応と指導のあり方が考えられる。

さらに外面に表れた行動を見て指導するだけでは、十分な指導効果が得られない場合がある。児童生徒の内面世界である物の見方・考え方、さらには彼らの言動を形成している価値観などを理解しないと指導が功を奏しない場合もある。教師は児童生徒の言動を受けて、自分に都合のよいように考えて判断したり、偏見や感情をもとに解釈する傾向がある。自らが常に望ましい生徒理解に努めているかを自問自答する態度は大切である。

3　生徒理解の基本と方法

生徒理解は具体的な指導に役立つものでなくてはならない。指導は児童生徒に対して行うものであるから、児童生徒がその指導を受け入れなくては指導をしたことにはならない。教師が話すことを「なるほど、そうだな」と納得しない限り、指導そのものが指導したとは言えないのである。教師の話を聞いているように思えても、それが児童生徒の心に届いているかどうかは分からない。指導をするときは、児童生徒の心に届く指導が必要である。このことは実際にはとても難しいことであるが、実践を通じて生徒理解の方法を修得していくことが重要である。生徒理解の基本を箇条書きすれば、次の5点になる。

第1に、生徒指導は個別的かつ発達的な教育を基礎とするものである。学校教育は集団生活を基本に進められるが、それは児童生徒が同一であるという考え方を前提にしているものではない。年齢や学年が同一なだけであり、児童生徒は一人ひとりの能力と適性および興味・関心がみんな違っている。生徒指導は一人ひとりの違いを認め、よりよい行動と発達ができることを目標にするものである。

第2に、生徒指導は一人ひとりの児童生徒の人格を尊重し、個性の伸長を図って社会的な資質と行動を高めるものである。教育は指導したことが児童生徒の行動として具現化しない限り、絵に描いた餅に終わってしまう。教育の目標は人格の完成であり、指導は具体的・実践的な行動目標として

表れることが重要である。

　第3に、生徒指導は児童生徒の生活に即した具体的な活動として進められるものである。児童生徒は将来の日本社会を担っていく存在である。児童生徒は学校という狭い部分社会を中心に生活をしている一方、家庭や地域社会という限定された環境の中で生活をしている。そこでは彼らの成長に望ましくない環境要因も見られるだろうが、それを避けたり引き離すことは難しいものである。そうした環境の中でも強くたくましく生きていける実践力を修得させる指導が必要になってくる。

　第4に、生徒指導は全ての児童生徒を対象にするものである。健康な人格の発達と精神の維持向上は、全ての人間の課題である。学校にはいろいろな性行をみせる児童生徒がいるが、全ての児童生徒に対して、人格の完成を目指した指導を継続することが学校教育の役割である。

　第5に、生徒指導は総合的な活動である。生徒指導が人格の完成や健康の維持増進であることは、生徒指導が学校教育全般にかかわる統合的な活動であることを意味している。児童生徒へのかかわりは全てが生徒指導と言える。

4　生徒理解の進め方

　生徒理解は教師各自の目が基本となるが、教師集団による組織的な生徒理解体制をつくっていくことが大切である。生徒理解を進めるには、定期的な諸調査をしてそれを活用することが必要である。調査や検査では、教師が気づかないことがある。これは生徒指導や生徒理解では大切なことである。また家庭との連携を密にすることも重要である。保護者と教師が協力し合うことで児童生徒の健やかな成長が図られていく。児童生徒と教師の関係が望ましくない場合でも、教師と保護者の関係が良好であれば、児童生徒は教師に心を開いてくる場合が多い。保護者に遠慮して媚びを売ったり迎合する態度はよくない。児童生徒と保護者に誠実に向き合う姿勢が生徒理解に通じるものである。

第3節　生徒指導といじめ問題

1　いじめとは

　いじめは人間として許されない人権侵害の行為である。いじめによって、自殺したり自殺未遂に追いつめられた事件が報道されている。いじめが発覚し問題が解決される事例もあるが、いじめによりそれまでに築かれた人間関係が壊れる場合もある。またいじめ問題が解決したとはいえ、関係者の心に深い痛手と傷を負わせ、人間不信に陥いる事例も見られる。現在、いじめが大きな社会問題になっているが、いじめは教師や保護者にはその実態が見えない現実がある。関係者をはじめとする大人は、その兆候に気づき、早期に問題を解決していくことが何よりも喫緊の課題と言える。

　いじめは、自分より弱い立場の人に対して、一方的に身体的かつ精神的な攻撃を加え続ける非人道的な行為である。しかもいじめは、一人の人間に対してグループや集団で攻撃を加え、しかもそれが表面化したときには、言い訳として「いじめをしているとは思っていなかった」「悪ふざけをしていた」などの言葉がまかり通っている。いじめは、そうした言い訳だけでは済まされない問題である。学校では常日頃からいじめが起こらないように指導を継続していく必要がある。

2　いじめの早期発見

　いじめが発生した場合、学校はいじめに対して早期に迅速に解決することが大切である。何事もそうであるが、トラブルは小さいうちに解決すれば、その分だけ傷は小さくて済むものである。学校で発生する生徒指導上の諸問題は、解決への取り組みが早ければ早いほど、それにかかわる時間とエネルギーは少なくて済む。いじめ問題でも同じことである。いじめが大きくなって表面化する前に何らかの兆候が起こっているはずである。いじめられる側、いじめている側、傍観している側など、いじめにかかわっ

ている児童生徒からのサインが発せられているはずだ。だから、教師はそうしたサインに気づく感性を持って、いじめの解決に取り組むことが重要である。

3 いじめへの組織的対応

いじめに対しては、校長を中心とした学校全体の指導体制を確立して、教師が一枚岩になって、いじめを解消する具体的取り組みをすることが大切である。いじめられている児童生徒に対する基本的姿勢は、いじめは絶対によくないという認識のもと、その児童生徒の立場に立っていじめへの対応をすることである。いじめの状況を把握し、いじめられている児童生徒の安全確保を最優先する必要がある。一方、いじめている児童生徒や他の児童生徒に対しては、いじめは絶対に許すことができない問題であることを指導し、いじめを傍観している者も、いじめの加害者になることを十分に理解させていくことが大切である。いじめの解消やいじめが発生しない風土や学級づくりは、時間がかかるものである。いじめの早期発見のために、教師は日常的に児童生徒の観察と理解を進める鋭い感性を磨いていくことが求められる。

第4節 生徒指導と不登校問題

1 不登校とは

不登校とは、児童生徒が何らかの原因で学校に来ていない、あるいは行きたくても行けない状況を言う。現在の学校における生徒指導上の大きな課題の一つになっている。学校に行っていない、登校できないという状況を改善することが必要である。学校は不登校生の復帰を目指すとともに、本格的な不登校状態にならないように、休み始めた頃には家庭訪問を積極的に行うなどの働きかけが大切である。また保健室登校ができたり、不登

校生を指導する心の教室の整備や、スクールカウンセラーやケースワーカーの配置などの条件整備がなされているが、全国的にも不登校生数の減少がなされていない状況である。また学級には入れないけれども、保健室登校はできる不登校生がいる一方、学校には登校できないが、教育センターの不登校に対する適応指導教室には通える児童生徒がいる。さらに不登校生を対象にした民間のフリー・スクールに通っている事例も見られる。不登校の原因を本人に求めるだけでは、その本質的問題の解決にはつながらないので、学校では担任を中心に、家庭との連携を保ちながら不登校問題に組織的に取り組むことが大切である。

2　不登校の原因

不登校の原因にはさまざまな要因が見られる。いじめなど原因が明確にある場合には、再び登校して通常の学校生活が送れるように、転校が容易に行える措置が教育委員会を通じて行われている。転校することで不登校が解消した事例がある反面、転校によっても不登校が継続した事例も見られる。不登校の原因が特定される場合には、その原因を解消すれば学校復帰ができるが、原因がよくつかめないままに不登校の状況が続く場合もある。不登校の原因を考えることも必要だが、不登校の解決には、要因や原因をあれこれ言うよりも、その現状を少しでも改善していく取り組みが重要である。

3　不登校への組織的対応

不登校生対応の目標は学校復帰である。各学校では不登校生の人数を減らすために、家庭訪問をはじめ、いろいろな方法を実践している現状である。不登校に対しても、学級担任だけにその対応を任せるのではなく、不登校はどの児童生徒にも起こり得ることであるとの認識をもって、児童生徒への理解を進めていくことが大切である。また不登校の対応でも、学校全体が組織的体制のもとで、全教師が不登校生をなくすとの決意を持って、不登校生にかかわっていくことが必要である。特に養護教諭は不登校生と

のかかわりは大きいので、養護教諭との情報交換は重要である。保健室登校では教室復帰を最終的に目指すことが大切である。短期間に学級に戻そうとする考えは、あまり効を奏さない場合が多いようである。児童生徒とじっくり向き合いながらも、甘やかすことのない指導をしていかなければならない。難しい面もあるが、根気よく指導を継続していくことが必要である。

第5節　生徒指導と進路指導

1　児童生徒を取り巻く社会

　現在、児童生徒を取り巻く社会環境が大きく変化している。児童生徒の成長に望ましくない環境変化が、児童生徒の心身の成長と健康に著しい影響を与えていることも事実である。都市化・情報化・少子高齢化と核家族化などの進展により、児童生徒自身の生活様式が様変わりしてしまった。特にインターネットや携帯電話の普及により人間関係が希薄化し、興味本位、ゲーム感覚でのネット利用が増加している。また食生活にも変化が表れており、夜型生活の増大と生活リズムの乱れが問題になっている。それに伴い児童生徒の規範意識の低下が促進され、人間関係の希薄化が増幅されている。

　児童生徒の健康と心に大きな影響を与えている問題では、いじめ、不登校、性の逸脱行動、虐待、ひきこもり、喫煙、飲酒、シンナー、覚せい剤の薬物乱用などが増えている。校内暴力や家庭内暴力なども頻発しており、改善の兆しが一向に見えていない状況である。さらに食生活の乱れが、生活習慣病の低年齢化と予備軍の増加、過食や拒食の増加など、児童生徒の心身の健全な発達を脅かしている状況である。

2　生徒指導と進路指導との関係

　前述のように児童生徒を取り巻く社会環境が悪化している状況は、改善される可能生は少ないであろう。またそうした状況を遮断することができない現実もある。インターネットや携帯電話などのITの普及に伴い、利便性とは裏腹に児童生徒が被害を受ける可能生がますます増えている。ネットの書き込みがいじめの原因になったり、携帯電話によるいろいろなサイトへのアクセスにより被害に遭う危険性が増大している。保護者と言えども自分の子どもの携帯を見ることは難しい。子どもは自分だけのバーチャル世界にのめり込むようになる。こうした負の遺産に対しては、教師は目を背けることなく正しい使い方や情報リテラシーを継続して指導を進めていく以外に道はない。

　生徒指導は非行防止や対策などの消極的な取り組みだけではなく、積極的な取り組みが必要である。積極的な生徒指導は、問題行動が発生した場合の対症療法的な取り組みではなく、児童生徒のよりよい発達を目指した自己存在感を持たせる指導である。積極的な生徒指導を進めていくことで、問題行動が予防でき、児童生徒の健全育成が図られるものと考える。

3　人間としての生き方の指導

　特別活動は自己の生き方や人間としての生き方やあり方を考えさせ、自己を生かす能力を育てることをねらっている。自己の生き方やあり方は、児童生徒一人ひとりが自己理解を深め、自己実現を図っていく指導であり将来における進路指導である。進路に関する内容については、職業選択能力と勤労意欲を育てることが重要である。

　人間としての生き方の指導は、児童生徒が今後の学校や家庭および社会におけるさまざまな場面を通して、自己の人生をいかにたくましく切り開いていくかを考えさせることにつながるものである。端的な言い方をすれば、自己のキャリアをどのように形成していくかを指導することである。児童生徒一人ひとりが、自己の生き方への関心を深め、自己の能力と適性

とを知り、望ましい職業選択ができる資質能力を育てる指導であると言える。

4　進路指導

　進路指導は児童生徒一人ひとりが、自己の能力と適性をもとに自己の進路を自主的に選択し、自己実現を図っていける資質能力を育成するものである。そういう意味では次の①～⑤の基本的特質を持っていると言える。

　①進路指導は、児童生徒の生き方に関する指導である。進路指導は校種の違いはあるにしても小学校段階から、学校生活を通して自己理解を深め、自分の進路に関して望ましい選択と将来の生活に関して積極的にかかわる態度を計画的・意図的に修得させることが大切である。

　②進路指導は、児童生徒の職業的発達を促す指導である。児童生徒はそれぞれの校種において知的にも心理的にもあるいは能力的にもさまざまな発達の違いが見られる。そうした違いを前提にして職業にかかわる指導内容では、具体的な発達段階を踏まえた個に応じた指導を計画していくことが大切である。

　③進路指導は、一人ひとりの児童生徒の可能性を大切にして伸ばす指導である。児童生徒一人ひとりをかけがえのない存在として尊重することは教育の基本である。進路指導でもそのことを大切にして各自の能力、適性、性行などの個人差を十分に踏まえ、それぞれの可能性を最大限に発揮できる指導が重要である。

　④進路指導は、校種の違いはあるものの、入学段階から各学年において計画的・段階的な指導を行うものである。進路指導は将来に向かっての人間としての自己の生き方の問題であるから、入学時から計画的に系統的に指導をしていくことが必要である。

　⑤進路指導は、家庭や地域社会および関係機関との連携のもとに進められる指導である。学校教育は家庭や地域社会および関係機関との連携のもとに進められるものである。進路指導においても家庭や地域社会および関係機関との連携を密にして、児童生徒の自己実現を図る取り組みが大切で

ある。

5 キャリア教育

　キャリア教育は、児童生徒一人ひとりのキャリア発達を支援する教育である。つまり一人ひとりの社会的・職業的自立に向け、必要な基盤となる能力や態度を育てることを通して、キャリア教育を促す教育である。簡単に言えば、児童生徒の望ましい職業観、勤労観を育てる教育である。そういう意味では、小中学校では特別活動の学校行事や総合的な学習の時間の指導は、キャリア教育との関係が深い自主的・集団的活動が多いと言える。
　キャリア教育は小学校段階では、主として進路の探求や選択にかかわる基礎を培う時期である。そのため、低学年では小学校生活への適応や身の周りの事象への関心を高める指導が計画される。中学年では友だちと協力して活動する中で自分の持ち味を発揮したり役割を自覚するなど、周りの環境とのかかわりを深める指導が計画される。高学年では自分の役割や責任を果たすことで集団の中で自分を生かす指導が計画される。いずれにしても各学校では小中高学年を通した、各学年の発達に応じたキャリア教育の課題が具体的に計画されるのである。そして具体的な活動は、道徳、特別活動、総合的な学習の時間などを活用して実践されていくのである。
　中学校段階は、キャリアに関する現実的探求と暫定的選択をしていく時期である。興味・関心などに基づく職業観や勤労観の育成を中心にした指導、生き方や進路に関する現実的探求を中心にした指導が行われる。中学校の時期は自我に目覚めはじめ、心身の成長が急速に進む時期である。そのため心と体のバランスがうまくはかれずに、生徒指導上でもさまざまな問題が多発する時期である。心身ともに不安定なときだからこそ、担任を中心とした教師と生徒との望ましい人間関係や信頼関係が重要になってくる。いじめや不登校の解決、非行防止など、生徒指導の諸問題が中学校では大きな課題である。いずれの問題もそれは人間としての生き方やあり方の問題であるので、その解決のためには進路指導を中心としたキャリア教育の推進が求められる。

おわりに

　特別活動は、児童生徒の人格形成ではとても大きな役割を果たしている。大学4年生に、小中学校で思い出に残り、自分の人格形成に影響を与えた出来事を尋ねると、ほとんどが特別活動に関する内容であった。教科のことは思い出せないが、学校行事や修学旅行などのことはいつまでもよみがえってくるのである。特別活動は集団活動を通して自主的・実践的な態度を育成するので、座学中心の教科指導では見えない、分からない、児童生徒一人ひとりの良さが発揮される時間である。

　これからの学校では学力をつけることは必要だが、もっと他の人との関わり中での人間の成長と知の構成を図ることが求められる。特別活動は教師と児童生徒および児童生徒同士の好ましい人間関係が形成されていく最適な場を提供していると言えよう。学級活動や学校行事などの集団活動を通して、児童生徒の内面的な成長と児童生徒が秘めている可能性とエネルギーに驚かない教師はいない。それが特別活動の魅力であり素晴らしさである。教育課程における特別活動は、児童生徒一人ひとりの成長が実感できる時間帯である。本巻では理論的な説明が主になっているが、児童生徒の可能性と良さが発揮できる具体的な活動については、他巻を参照していただきたい。児童生徒の笑顔と成長が期待できる指導計画の作成とその実践を願っている。

【文献一覧】
　　川野司『実践！学校教育入門：小中学校の教育を考える』昭和堂、2011年
　　文部科学省『小学校キャリア教育の手引き〔改訂版〕』教育出版、2011年
　　文部科学省『中学校キャリア教育の手引き』教育出版、2011年

第5章 特別活動と人間関係形成能力の育成

相馬誠一

はじめに

　2011（平成23）年10月に起きた滋賀県大津市の「いじめ自殺」問題は大きな社会問題になっている。子どもたちの人間関係づくりが、いじめ問題の解決の基本であり、特別活動などでの実践の積み重ねが人間関係形成能力の育成につながっている。本章では、子どもたちに人間関係形成能力の必要性と、具体的な実践課題についてまとめていきたい。

第1節　子どもたちの現状

　2012（平成24）年度発表の文部科学省、警察庁などの調査から最近の子どもたちの現状を見てみる。

1　暴力行為

　小・中・高等学校で児童生徒が起こした暴力行為は、小学校7,092件（前年度より23件減少）、中学校42,987件（前年度より728件減少）、高等学校10,226件（前年度より141件増加）の合計60,305件（前年度より610件減少）で、形態別では、「対教師暴力」8,967件（前年度より663件増加）、「生徒間暴力」34,439件（前年度より160件増加）、「対人暴力」1,909件（前年度より181件増加）、器物破損14,990件（前年度より1,614件減少）となっている。合計6万件以上の暴力行為がある。前年度よりも、1,000件減少しているが「対教師暴力」「生徒間暴力」「対人暴力」はいずれも増加し、学校が「荒れ」はじめている様子がうかがわれる。

2　いじめ

　滋賀県大津市で起きた「いじめ自殺事件」の報道以降、いじめ問題は大きな社会問題になり、文部科学省は2012年11月22日にいじめ問題の実態把握緊急調査を行った。調査によると、小・中・高・特殊教育諸学校におけ

るいじめの認知件数は、小学校：88,132件（2012年度調査では、36,909件）、中学校：42,751件（同調査、33,323件）、高等学校：12,574件（同調査、7,018件）、特別支援学校：597件（同調査、380件）の合計144,054件（同調査、77,630件）で調査報告があったが、約半年後で倍増している。これらのことから、いじめ問題が大きく報道されることにより、いじめ問題に関心が向き、認知件数が倍増することを示している。14万4,000件のいじめの認知件数を重く受け止める必要がある。

3　不登校

「不登校」を理由に年間30日以上学校を欠席した児童生徒は119,891人で、全児童生徒数に占める不登校児童生徒の割合は、小学校で22,463人（0.32％）、中学校で97,428人（2.73％）となっている。不登校児童生徒が在籍する学校数は、小学校で9,528校（43.3％）、中学校で9,287校（85.5％）であった。小・中学校合わせて18,815校、学校総数に占める割合は57.3％である。不登校となったきっかけと考えられる状況は、小学校では「不安などの情緒的混乱」30.2％、「無気力」20.4％、「親子関係をめぐる問題」19.1％、「いじめを除く友人関係をめぐる問題」10.8％となっている。中学校では、「不安など情緒的混乱」21.9％、「無気力」21.8％、「いじめを除く友人関係をめぐる問題」16.2％、「学業の不振」8.7％となっている。このように、不登校児童生徒は11万～12万人台と多い人数が続いており、不登校対応の根本的な対策が望まれる。

4　少年非行

警察庁調査によると、2011年の少年非行は、刑法少年の検挙人員が85,846人（前年比4.9％減少）と7年連続減少した。しかし、少年による殺人事件、転校生による殺人未遂事件、いじめ事件、傷害事件などの社会の耳目を集める事件が多くあった。刑法犯少年の人口比では11.8％で成人（2.3％）の5.1倍と高かった。このように、少年非行は減小傾向であるが、刑法犯少年の人口比では、成人の5倍強あることから、より充実した対策

が望まれる。

5 子どもが被害者となる犯罪など

　子ども（未成年者）が被害を受けた刑法犯罪は25万6,217件で、前年比6.9％減少したものの高水準となっている。2011年の児童虐待事件検挙件数は10年連続増加し354件（前年比5.7％増）、検挙人員は387人（8.7％増）、被害児童は362人（4.3％増）と過去最多であった。相談処理件数は23,274件で、前年比5,549件（31.3％）増加している。児童相談所による児童虐待の相談件数は55,154件となっている。相談の種類別では、身体的虐待が21,133件、保護の怠慢・拒否（ネグレクト）が18,055件となっている。また、主な虐待者別にみると「実母」が60.6％と最も多く、次いで「実父」24.8％となっている。被虐待者の年齢別では、「小学生」が20,097件（構成比36.4％）、「3歳から就学前」が13,354件（24.2％）、「0〜3歳」が10,834件（19.6％）となっている。このように、子どもが被害者となる犯罪は減少しているが、一方虐待に対する相談は急増しており、より相談体制の充実が求められる。

　このような子どもたちの現状を概観してみると、背筋が寒くなる思いである。こうした現状からも、子どもたちの人間関係形成能力の育成は急務でもある。

第2節　子どもたちの現状をどうとらえるか

　前述したように、学校での暴力行為、基本的生活習慣の乱れ、不登校、いじめなど、子どもたちの置かれている状況はすさまじく、目を覆いたくなるような現状である。

1　問題行動のとらえ方

　子どもたちの多くの「問題行動」は単独の「問題」だけではなく、相互

に関連し複雑にからまりあっていることは、「問題」に対処する現場の教師が痛感していることであろう。たとえば、保護者の生活の乱れが子どもに影響して遅刻や欠席が続き、その後不登校になったり、また、生活習慣の乱れがあった子がいじめの加害者になり、その後窃盗で補導され、非行グループの一員になるように、時間を経ることによって「問題行動」が「発展」していく場合も経験しているのではないだろうか。

そうした場合、一つ一つの「問題行動」に対処して叱責や説教をしたところで「問題」は解決することはなく、結果的に「子どもが悪い」「親が悪い」と結論づけられ、継続した支援そのものもできず、「問題行動」の連鎖を断ち切ることが難しいことが多い。子どもにしてみたら、叱責されることにより「どうせ俺なんか」「自分なんかどうでもいい」と自己イメージが悪化し、努力しようとせず、無気力傾向になり、さらに問題行動が発展していくのではないだろうか。

このように「問題行動」の対応に対して、教師が陥りやすいのは「問題行動」を全て「悪」と見なし、説教や叱責をすれば解決するといった安易で短絡的な思い込みである。

「問題行動」をやめさせ、矯正すべき対象としてとらえるだけではなく、「問題行動」は、複雑にからまりあった「問題」であり、発展する「問題」としてとらえるべきであろう。むしろ「問題」を「子どもの成長の歪みからくる一種のサイン」としてとらえ、積極的に「子どもの成長を援助する手がかり」と理解していきたい。さらに言えば、多くの子どもの「問題行動」は、「そうせざるを得ない」子どもの言語化されない叫びであり、苦しい気持ちや葛藤状況のSOSであり、こうしたSOSの叫びを早期に発見し、早期に対応することが、問題の複雑化や重度化を防ぐ唯一の方法であることを認識したい。

2 「問題行動」の予防

最も大事なことは「問題行動」を予防することである。日々の学級活動などの中に子どもたちの「良さ」や「長所」を見つけ、自尊感情を高め、

自己肯定感を高めることである。そうした「良さの循環」の中で子どもたちはさらに、人間関係形成能力を高めていくのである。

「問題行動の循環」と対比して考えれば、教師が、特別活動で子どもたちの「良さ」や「長所」を発見し賞賛を与えることで、子どもたちは、自尊感情、自己肯定感が高まり、結果的に「自分でもできる」「自分に自信がついた」と自己イメージが良くなり、さらに努力し発展し「適応感」が高まり、「良さの循環」になるのではないだろうか。

第3節　人間関係形成能力の育成の必要性

1　集団生活を通しての人間関係の育成

小・中・高等学校ともに学習指導要領に「望ましい集団活動を通して、心身の調和のとれた発達と個性の伸長を図り、集団（や社会）の一員としてよりよい生活や人間関係を築こうとする自主的、実践的な態度を育てるとともに、自己の（人間としての）生き方（あり方）についての考え（自覚）を深め、自己を生かす能力を養う」と位置づけている。さらに、『中学校学習指導要領解説　特別活動編』によると、「望ましい人間関係を築く態度を形成し、多様な他者と協力して生活上の諸問題を解決し、よりよい生活を築くことができるようにするなど、たくましく生きる力を育成するためには、学校における生徒の望ましい集団生活や体験的な活動を一層充実することが重要である」とある。

まさに、望ましい集団活動を通して、自主的、実践的態度を育成し、自己の生き方についての考えや自覚を深め、自己を生かす能力を養うことは、児童生徒の自己実現を目指す特別活動・生徒指導・教育相談そのものとしてとらえることができる。これらの目標は、「学級活動」「児童会・生徒会活動」「学校行事」などのそれぞれの目標や、内容の実現を持って達成されるものである。さらに、これらの活動は特別活動の時間だけではなく、

たとえば、生徒指導や教育相談のねらいでもある「自己指導能力」「自己実現」の育成とも重なる部分もあり、学級活動を通して、自主的、実践的な態度や健全な生活態度を身につけることを考えれば、学級活動はきめ細やかな生徒指導・教育相談の中核的な場として位置づけられる。さらに、特別活動における生徒指導として、文科省の『生徒指導提要』によれば、「所属する集団を、自分たちの力によって円滑に運営することを学ぶ」「集団生活の中でよりよい人間関係を築き、それぞれが個性や自己の能力を生かし、互いの人格を尊重し合って生きることの大切さを学ぶ」「集団としての連帯意識を高め、集団（社会）の一員としての望ましい態度や行動の在り方を学ぶ」としている。

2　アメリカ合衆国の例

このように、特別活動・生徒指導は教育機関である学校で実施され、全ての児童生徒の人格的発達援助を目標とし、児童生徒の人格発達を促すものであると定義づけることができよう。その上で、学校体制と援助サービス機能で分類でき、学校体制では問題をもった児童生徒に対する問題解決的対応、児童生徒の自己実現を援助する開発的対応、問題傾向を予防する予防的対応と分類できる。さらに、特別活動・生徒指導・教育相談の係を中心とした体制づくりの活動であり、援助サービス機能では、児童生徒への援助、教師・保護者への援助、それらの援助のための基盤になる心理・教育アセスメント活動が中心になると位置づけられよう。

このような活動は、たとえばアメリカ合衆国においては、スクールカウンセリング活動として位置づけられる。スクールカウンセリングの活動内容はスクールカウンセリングプログラム国家基準から位置づけられ、具体的な役割まで明文化している。キャンベルらの『スクールカウンセリングスタンダード』によると、ASCA（American School Counselor Association；米国スクールカウンセラー協会）では、スクールカウンセラーを「生徒、教師、保護者、そして教育機関を援助する公認の専門教育者」と定義し、その仕事は、発達・予防・治療を目標としている。

そこでのスクールカウンセラーの役割として、カウンセリング（個別カウンセリング、小集団カウンセリング）、コンサルテーション、コーディネーション、ケースマネジメント、ガイダンスカリキュラム、プログラムの評価と開発、プログラムの提供、をあげている。ここでは、人間関係形成能力に関することについて、さらに詳しく見てみる。

　アメリカにおいては、カウンセリングを個別と小集団に分け、小集団カウンセリングは、2人以上の子どもたちに（グループの大きさは通例5人から8人）まとめて働きかける活動である。グループの話し合いは、構造化されない場合もあれば、構造化された学習活動を基本とする場合もある。グループメンバーには、相互に学び合う機会があり、メンバーは考えを分かち合い、フィードバックを受けたり与えたりし、自分たちの自覚を高め、新しい知識を手に入れ、技能を練習し、自分たちの目標と行動について考えることができる。グループの話し合いが問題の中心となる場合は、特定の悩みや問題に注意が向かう。それが、中心となる場合は、一般的話題が個人的・学業的発達と結びつけられる。

　また、ガイダンスカリキュラムは、大集団のミーティングで、大規模のグループ・ワーク（ソーシャル・グループ・ワークの略称である。スクールカウンセラーなどによる集団を通しての援助をいう。具体的には、スクールカウンセラーなどの援助で、子どもたちがプログラム活動を何のために、何を、どのように行うかの話し合いに始まり、個人の集まりから仲間へと発展し、集団になっていく過程である）も含まれ、その場合に、大集団はカウンセラーや教師が監督する小規模の作業集団に分割される。ガイダンスとカウンセリングのカリキュラムは、組織された目標と活動から構成されるが、それらは学級活動か助言グループにおいて、教師かまたはカウンセラーによって提供される。スクールカウンセラーと教師は、活動しだいで、共同して指導してもよい。カウンセラーはそれぞれの学校の特定の発達上の問題や、関心領域に注目させるような特別のガイダンス単位を開発して提示し、教師が一部のガイダンスとカウンセリングのカリキュラムを提供するための準備をする過程を援助するとしている。このように、グループに対するア

プローチを通して人間関係形成能力を高めるように機能している。

　ASCAのスクールカウンセリングプログラムをそのまま日本に導入しようとしても、アメリカとは教育体制や学校組織が相違し、スクールカウンセラーが複数名常勤配置され活躍しているアメリカと同じように考えるのは無理がある。しかし、アメリカにおける小集団や集団へのアプローチのように、日本においても学級活動、児童会・生徒会、学校行事の中で機能の一つとして、グループ・アプローチを体系化し、日本独自の教育体制や学校組織に定着されることが望ましいと考えられる。

第4節　人間関係形成能力育成の実践的研究

1　人間関係形成能力の発展

　わが国における学校現場での人間関係形成能力は、構成的グループ・エンカウンター（Structured group encounter）によって発展してきた。用意したエクササイズ（プログラム）で作業や討議をするものである。組まれたエクササイズは参加者全体のレディネスに応じてその順序と時間配分、リーダーの介入具合を変えることが可能であり、心的外傷を予防しやすい。また、構成化されているために、決められた時間内で行え、沈黙だけ続いて終わることもなく、内容的にも時間的にも空間的にも枠があるため、グループが荒れに荒れるということはない。したがって、熟練したリーダーでなくても比較的実行可能であるという特徴がある。

　構造的グループ・エンカウンターも、パーソン・センタード・アプローチ（Person-Centered Approach）（ロジャーズのクライエント・センタード・セラピー「来談者中心療法」の発展形態。カウンセリングや教育など、人と人との関係が重要になるあらゆる領域への「人間中心の接近方法」のこと。人間の全体性を重んじ、個人間もしくは集団間における相互の「違い」を十分に尊重し、その上で、相互に通じ合い、理解し合うことを目指すといった特色を持つ。非

構成的グループ・エンカウンターともいわれている)の発展したものである。参画型の構成的グループ・エンカウンターも参加者がセッションを開発、発展させていくことを重視していく形態では、構成・非構成の垣根の低いものだと考えられる。

このように、現在ではさまざまなグループ・アプローチによる交流が盛んになるにつれて、非構成的エンカウンター・グループの中に非言語的なものも含んださまざまなエクササイズや、セッションが取り入れられてきており、この構成・非構成の垣根は低くなってきていると言えよう。

教師が、授業の中でエンカウンター・グループを行った場合には、参加が義務づけられているため、エンカウンター・グループに参加するメンバーの動機づけの高さはまちまちである。特に参加意思の低い者がエンカウンター・グループに参加することによって心理的損傷を受ける危険性もある。また、教室でのエンカウンター・グループでは参加メンバーは既に知っているメンバーであり、エンカウンター・グループ終了後も関係は続いていくことが予想される。つまり、非構成的エンカウンター・グループにせよ、構成的グループ・エンカウンターにせよ、実施の際にその方法に重きが置かれてしまい、参加者の実状を踏まえずにグループ・アプローチが進められてしまう危険性があると考えられる。

グループ・アプローチは参加者個人の変化、対人関係の変化などをもたらす効果があり、その対象である参加者が軽視されることは避けるべきだと考えられる。また、非構成的、構成的、ともにその効果は認められており、それらを二分法にとらわれることなくグループに合わせてプログラムを組むことによって、より参加者に沿う形のグループ・アプローチが可能になると考えられる。

2 学校現場での取り組み

学校現場での取り組みの例としては、学級経営に構成的グループ・エンカウンターを授業の中に取り入れられることが多くある。

中学生に対して、学級活動の一環として授業時間50分の時間内に教室内

で実施できることを条件に実施し、4月～7月までのグループワークを通して、対人魅力の促進、学級凝集性の高まりがあったことを報告している（『学級集団の形成に関する研究』pp.98-108）。

また、小学生を対象に学級活動、道徳、特別活動、および教科学習のまとめの時間に構成的グループ・エンカウンターを取り入れ、学級経営への活用効果の検討を行い、結果、エクササイズを行った学級では児童のスクール・モラール（学校の集団生活ないし諸活動に対する帰属度、満足度、依存度などを要因とする児童生徒の個人的、主観的な心理状態を指す）やリレーション（関係づくり）の形成が有意に向上した。このことから、児童のスクール・モラールやリレーションの形成の向上に可能性があることも示唆されている（『構成的エンカウンターを導入した…』pp.153-159）。

また、上地安昭(1945-)は、常勤スクールカウンセラーとして、教師カウンセラーを提案し、教室でのカウンセリング活動としてのグループ・アプローチ活動の重要性をあげ、児童生徒の成長発達の援助者として、学力重視の教科教育のみに偏らず、児童生徒中心の生きる力と心の教育に重点をおき、全人的人間の成長発達を目標とした人間尊重の教育に徹した教師であると日常的なグループ・アプローチの重要性を訴えている（『教師カウンセラー』pp.308-312）。

さらに、多くの学校で実施されている異年齢集団での交流は、児童生徒の「共感的な人間関係」を育てることは実証化されている。これらの活動も広くグループ・アプローチの一つであろう。このようなグループ・アプローチを通して人間関係形成能力を高め、スクール・モラール、自尊感情の向上に有効であることが多くの研究から明らかになっている。

このようなことをまとめていくと、次のように実践的活動の要素が明らかになる。

・自尊感情を高める活動
・共感的人間関係を育てる活動
・スクール・モラールを高める活動
・人間関係づくりを高める活動

おわりに

　特別活動で主に行われているグループ・アプローチは、まさに、個人と集団の成長発達が同時に行われる過程ととらえることができ、集団や個人に対し、有効な教育・成長、個人間のコミュニケーションと対人関係の発展と改善を図る心理的・教育的な援助活動として位置づけられる。そのために、教師らはグループ・アプローチの基本的理論・技術を十分研修して援助活動をすることが望まれるのである(『グループ・アプローチで…』pp.8-20)。

　また、学校は教育機関であり、全ての子どもの人格発達の援助を目標としているのであり、特別活動の実践を通して、全ての子どもの人格発達を促すものである。「問題」を持った子どもに対する問題解決的対応だけではなく、子どもの自己実現を援助する開発的対応、さらには「問題」傾向を早期に発見し予防する予防的対応を重要視すべきである。開発的対応、予防的対応を実践していく中で、早期に「問題」を抱える子どもに援助し、結果的に「問題行動」を複雑化、重度化させないことと理解したい。日々の実践の積み重ねにこそ、人間関係形成能力を高める重要性があると考えたい。

【文献一覧】

　上地安昭編著『教師カウンセラー：教育に活かすカウンセリングの理論と実践』金子書房、2005年

　河村茂雄「構成的エンカウンターを導入した学級経営が学級の児童のスクール・モラールに与える効果の研究」日本カウンセリング学会『カウンセリング研究〔34(2)〕』、2001年

　警察庁生活安全局少年課『少年非行の概要』2011年

　Campbell,C,A. 他（中野良顯訳）『スクールカウンセリングスタンダード：アメリカのスクールカウンセリングプログラム国家基準』図書文化社、2000年

相馬誠一『グループ・アプローチで学級の人間関係がもっとよくなる:指導案&ふりかえりシートですぐに実践』学事出版、2012年
文部科学省初等中等教育局『生徒指導上の諸問題の現状と文部科学省の施策について』文部科学省初等中等教育局児童生徒課、2011年
文部科学省『生徒指導提要』教育図書、2010年
中村豊「学級集団の形成に関する研究:中学校におけるグループワークを通して」兵庫教育大学生徒指導講座『生徒指導研究〔8〕』98-108、1997年.

第6章

特別活動の評価

富村　誠

はじめに

　評価（Evaluation, Assessment）とは、学習指導の事前・事中・事後の全ての過程にわたって、児童生徒の学習状況を把握し、よい点や進歩の状況などを積極的に認めることを通して指導の改善を行うとともに学習意欲の向上に生かす、教師による指導の一環に位置づくものである。

　本章では、評価の意義・機能〔目的：第１節〕、評価の対象と観点・規準〔内容：第２節〕および評価の方法〔方法：第３節〕について述べる。特別活動では「何のために、何を・何に着目して、どのような方法で」評価するか、具体的に理解し、実践化に資する力量を高めよう。

第1節　評価の基本的な考え方

　「何のために」評価するか。本節では、特別活動を含む総ての教育課程に適用される則（きまり）を規定した学習指導要領総則における評価にかかる規定をもとに、評価の意義と機能について述べる。どのようなよさや働きを求めて、評価は位置づけられるようになってきているのだろうか。

表１●学習指導要領総則における配慮事項「評価」にかかる規定

■1958・1968・1977年告示（小学校：中・高も同内容の規定）
　指導の成果を絶えず評価し、指導の改善に努めること。
■1989年告示（小学校：中・高も同内容の規定）
　指導の<u>過程</u>や成果を評価し、指導の改善を行うとともに、<u>学習意欲の向上に生かすよう</u>努めること。
■1998・2008年告示（小学校：中・高は児童が生徒、同内容の規定）
　<u>児童のよい点や進歩の状況などを積極的に評価する</u>とともに、指導の過程や成果を評価し、指導の改善を行い学習意欲の向上に生かすようにすること。

（筆者作成、下線も筆者）

1 評価の意義

(1) 指導の成果への着目

　一貫して記されている評価の意義は、「指導の成果」に着目し「指導の改善」に資することである。最近、学校評価や学習指導においてPDCAサイクルが提唱されているが、教育計画（Plan）に基づく教育「指導（Do）の成果」を教育評価（Check）し教育「改善（Action）」に資する見方・考え方（評価観）は、1958（昭和33）年の学習指導要領（試案ではなく法的拘束力を有する基準として初めて告示されたもの）以降、55年以上の長きにわたり位置づけられている。教育指導の成果を振り返って、その是非を問い、是とする（計画達成）場合は指導を継続する、非とする（計画未達成）場合は指導を見直し改善するための評価には、次項で述べる「指導者の側：指導機能」の手立てとしての意義がある。

　他方、近時25年間（1989年以降）における評価にかかる規定の変容は、評価の意義についての質的転換を意味するものである。第1には成果だけでなく「指導の過程」へ着目すること（1989年以降）、第2には指導の改善だけでなく「学習意欲の向上」に資すること（1989年以降）、そして第3には指導の過程や成果だけでなく「児童（生徒）のよい点や進歩の状況」へ着目すること（1998年以降）への転換である。

(2) 指導の過程への着目

　指導と評価の一体化や形成的評価が「指導の過程」への着目によって提唱された。教師の指導の一環として評価を位置づける見方・考え方（評価観）は、ブルーム（Benjamin Samuel Bloom 1913-1999）の完全習得学習（Mastery Learning）理論に基づき、診断的評価・形成的評価・総括的評価を指導過程へ組み込むことによって教育目標の分類（Taxonomy of Educational Objectives）で設定した行動目標を児童生徒一人ひとりに達成（完全習得）させようとするものである。次節で述べる「評価の観点」や「評価の規準」は、ブルームが分類の枠組みとして示した「認知的領域」「情意的領域」「精神運動的領域」目標に即した評価を行うための方法であり、成果への着目がPDCA

サイクルのC→A→Pに照準を合わせるのに比して、ブルームによる過程への着目はD（教育指導）そのものに照準を合わせ、その中でのC（評価）とA（改善）とを重視する。教育指導の過程で振り返りつつ、その是非を児童生徒の学習状況から読み取り、是とする（計画達成に向かっている）場合は深化を図る、非とする（計画達成に向かっていない）場合は補充を図るための評価には、「指導者の側：指導機能」にとどまらない、「学習者の側：学習機能」の手立てとしての意義を併せもつものに転換したのである。

(3) 学習意欲の向上に資する

児童生徒の目線で書き表すと、「指導の成果」への着目による評価は「学習後の私たちの成績を見て、先生は次の学習指導を工夫して先生の指導ぶりはうまくなっている。先生って、頑張っている。」、「指導の過程」への着目による評価は「学習中の私たちの様子を観て、先生は褒めたり助言したりして私たちがうまく学習できるようにしている。先生のお陰で、頑張ろうって思える。」ということである。もっとも、前者の場合、うまくなった次の指導ぶりによって児童生徒の学習意欲が向上する側面は貴重である。しかし、頑張ろうと思う、つまり学習意欲の向上が期せられるべきは、「次」ではなく「今」である。1989（平成元）年の学習指導要領で新たに規定された、指導の過程への着目による評価は、学習意欲の向上に資するための指導（深化・褒める、補充・助言）の一環とする、「学習者の側：学習機能」の手立てとしての意義があるといえる。

(4) よい点や進歩の状況への着目

1998（平成10）年の学習指導要領では、総則における評価にかかる規定の冒頭に「児童（生徒）のよい点や進歩の状況などを積極的に評価する」が付記され、今日に至っている。その意義の第1は児童生徒の個性的なよい点（たとえば、①学級会の話合い活動で考えを発表する姿、②発表はしないが発表を傾聴する姿、③話合いへの参加〔発表・傾聴〕は見られないが決定事項をきちんと守る姿）を積極的に見取り褒める（評価する）ことによって児童生徒一人ひとりの学習意欲の向上に資することである。そして第2は、進歩の状況（発表回数が増えた①、発表するようになった②、傾聴するように

なった③、決定事項を守るようになった）を積極的に見取り褒める（評価する）ことによって児童生徒一人ひとりの学習意欲の向上に資することである。教師に限らず人は誰しも、よい点（長所）よりもよくない点（短所）、進歩の状況（過去と現在との比較が必要）よりも達成の状況（現在の把握だけで可能）に気付きやすいものである。それだけに、心して進んで評価すること、つまり積極的に評価することが求められているのである。例として挙げた②の姿を「発表を傾聴しているが発表はしない」と見取って短所と見なして評価するか、「発表はしないが発表を傾聴している」と見取って長所と見なして評価するか。後者の評価観に立ち褒めることによって、1回だけ小声であっても「発表するようになった」ら進歩と見取って更に褒めることができる。1998年の学習指導要領で新たに規定された、よい点や進歩の状況への着目による評価は、まさに、学習意欲の向上に資する、「学習者の側：学習機能」の手立てとしての意義が一層明らかにされたものである。

　本項では、1958（昭和33）年から5回の改訂を経て今日に至っている、『学習指導要領総則』における評価にかかる規定をもとに、その意義について述べた。「個性の伸長」、つまり児童生徒一人ひとりの個性（その子なりのよさや可能性）の伸長という個人的な資質、「よりよい生活や人間関係を築こうとする自主的、実践的な態度」つまり今よりもよい態度になろうとする、社会的な資質を育てることを目標とする特別活動にあって、現行の評価のあり方である「児童のよい点や進歩の状況などを積極的に評価するとともに、指導の過程や成果を評価し、指導の改善を行い学習意欲の向上に生かすようにすること」に配慮することが目標に迫ることとなる。

　『学習指導要領解説特別活動編』（小・中：2008年、高：2009年、以下『解説』と略記）では「活動の結果だけでなく活動の過程における児童〔生徒〕の努力や意欲などを積極的に認めたり、児童〔生徒〕のよさを多面的・総合的に評価したりすることが大切である」と記されている（小学校：p.122、〔中学校：p.105、高等学校：p.83〕）。評価は、目標達成を目指した指導と一体なのである。

2　評価の機能

前項で記したブルームの教育目標の分類を日本の学校文化に合う目標類型へ発展させ、評価の観点として位置づける提唱を行った梶田叡一（1941-）の考究（『教育における評価の理論』〔Ⅰ〕pp.4-8）によると、評価の機能は**表2**のように整理することができる。

教師の側から見ると、評価は指導の一環として、児童生徒理解（Ⅰ）、目標実現状況の確認（Ⅱ）という機能をもつ。また、児童生徒の側から見ると、評価は学習の一環であり、より着実な学習を進めていく原動力としての機能をもつ。評価は、目標達成に向かう学習と一体であるともいえる。

以上、本節では、「何のために」評価するかについて、その意義（よさ）を学習指導要領総則の規定をもとに読み解いた後、その機能（働き）を「指導機能」「学習機能」の二つにまとめた。評価は、教師の指導改善のためだけでなく、児童生徒の学習成立のために行われる指導・学習なのである。

表2 ●評価の機能　　　　　　　　　　　　　　　　　　　　　　　　（筆者作成）

《指導者の側：指導機能》	《学習者の側：学習機能》
Ⅰ　指導対象を理解する。 　　学習者の実態を知り、着実で的確な指導を行うための手がかりを得る。 Ⅱ　教育目標の実現状況を確認し、その十分な実現に向け新たな手立てを考える。 　　目標の実現状況の確認の上に立って、補充・深化の手立てを講じていく。	Ⅰ　学習のペースメーカーとなる。 　　評価のスケジュールに合わせる形で学習の着実な積み重ねが可能となる。 Ⅱ　価値の方向性に気付く。 　　期待されている価値の方向性に気付き、独り善がりの世界から抜け出す。 Ⅲ　自己認識の機会となる。 　　自分自身の現在の状況に気付く。

第2節　評価の対象と観点・規準

　「何を・何に着目して」評価するか。本節では、第1に目標にかかる『解説』の記載をもとに「何を」評価対象にするかについて概述する。第2に、『小学校、中学校、高等学校及び特別支援学校等における児童生徒の学習評価及び指導要録の改善等について（通知）』（2010年、以下『通知』と略記）で示された「評価の観点」、そして、『評価規準の作成、評価方法等の工夫改善のための参考資料（特別活動）』（2011年、以下『参考資料』と略記）で例示された「評価の規準」をもとに、「何に着目して」評価するかについて述べる。

1　評価の対象

　特別活動は、各教科（高：各教科に属する科目）や道徳の時間（小・中のみ）、総合的な学習の時間、外国語活動（小のみ）とは異なり、「望ましい集団活動を通して」目標が達成されていくという指導・学習の特質がある。評価は、指導の改善と学習の成立に生かされてこそ意義があり機能が果たされるだけに、評価対象としての目標の理解が不可欠である。
　特別活動の目標は、前提（どのような活動をするか）・内容（どのような態度が育つか）・究極（どのような能力を養うか）という三つの意味段落から構成されている。

（1）前提：望ましい集団活動を通して
　小・中・高に共通するキーワードは、「集団活動」である。その「望ましさ」について、各学校種の『解説』では、前者（**表3**アイウ・Ⅰ：集団活動を通した児童生徒一人ひとりの状況）と後者（**表3**エオカ・Ⅱ：そのような個々が活動することを通した集団の状況）との2側面から、示されている。
　学級（高：ホームルーム）、児童会（中・高：生徒会）、クラブ（中・高：部）および学校行事における学級（ホームルーム）・学年・全校といった集団での活動のいずれにおいても、児童生徒一人ひとりと集団との2側面の

表3 ●集団活動の望ましさ　　　　　　　　　　　　　　　　　　　　（筆者作成）

小学校〔『解説』p.9〕	中学校〔『解説』p.8〕 高等学校〔『解説』p.7〕
ア　活動の目標を全員でつくり、その目標について全員が共通理解をもっていること。 イ　活動の目標を達成するための方法や手段などを全員で考え、話し合い、それを協力して実践できること。 ウ　一人一人が役割を分担し、その役割を全員が共通に理解し、自分の役割や責任を果たすとともに、活動の目標について振り返り、生かすことができること。	Ⅰ　民主的な手続きを通して、集団の目指すべき目標や集団規範を設定し、互いに協力し合って望ましい人間関係を築き、充実した学校生活を実現していくこと。
エ　一人一人の自発的な思いや願いが尊重され、互いの心理的な結び付きが強いこと。 オ　成員相互の間に所属感や所属意識、連帯感や連帯意識があること。 カ　集団の中で、互いのよさを認め合うことができ、自由な意見交換や相互の関係が助長されるようになっていること。	Ⅱ　集団の各成員が互いに人格を尊重し合い、個人を集団に埋没させることなく、それぞれの個性を認め合い、伸ばしていくこと。

状況を対象にし、児童生徒一人ひとりの学びと集団の質の高まりについて評価することが必要である。

(2) 内容：自主的、実践的な態度を育てる

　共通するキーワードは「自主的、実践的な態度」であり、各学校種の『解説』では、**表4**のように具体的な様相が示されている。集団（中・高：集団や社会）の一員としての思考・判断（考える・決定する）や実践（遂行）の状況を対象にし、児童生徒一人ひとりの態度について評価することが必要である。

(3) 究極：自己を生かす能力を養う

　共通するキーワードは「自己を生かす能力」であり、各学校種の『解説』では、**表5**のように具体的な様相が示されている。先の「自主的、実践的な態度」と同様に、集団（中・高：集団や社会）の一員としての理解

表4●自主的、実践的な態度の具体的な様相 (筆者作成)

小学校〔『解説』p.10〕	自分たちで決めた目標の達成を目指し、現実に即して実行可能な方法について考えながら着実に遂行する。
中学校〔『解説』p.10〕 高等学校〔『解説』p.8〕	自分がいかに行動すればよいかを自ら深く考えたり、感情や衝動を自ら制御して、自ら決定した行動を状況に応じて着実に遂行したり、現実に即して実行可能な方法をとる。

表5●自己を生かす能力の具体的な様相 (筆者作成)

小学校 〔『解説』pp.12-13〕	○他人の立場を理解し、自己を律し、共通の目標を達成するために力を尽くすことができる。 ○集団活動の運営について、意見を交換し、計画の実行に際して直面する困難や課題を解決するために工夫し、協力することによって各自の役割を自覚し責任を果たすことができる。
中学校 〔『解説』p.11〕 高等学校 〔『解説』p.9〕	○自己の判断力や価値観を養い、主体的に物事を選択決定し、責任ある行動をすることができる。 ○社会の一員としての望ましい在り方を身に付け、健全な生活態度や人生及び社会について主体的に考えることができる。

（他人の立場・望ましい在り方）や思考・判断（意見・選択決定・考える）および実践（責任を果たす・行動）の状況を対象にし、児童生徒一人ひとりの能力について評価することが必要である。

「望ましい集団活動を通して」目標が達成されていくという指導・学習の特質をもつ特別活動にあっては、「児童〔生徒〕一人一人の評価のみならず、集団の発達や変容についての評価が〔も〕重要」（『解説』小学校：p.122〔中学校：p.105、高等学校：p.83〕）とされ、児童生徒一人ひとりと集団との2側面が評価対象とされている。なお、小学校と中学校・高等学校とで集団の質の高まりについての評価の比重が異なっているのは、小学校にあって「児童の成長は、所属する集団の人間関係がどのようなものかによって大きく左右される」（小学校『解説』p.9）のに対し、中学校・高等学校にあって「生徒が自らの力で組織を作り、活動計画を立て、協力し

合って望ましい集団活動を行う」(『解説』中学校：p.14、高等学校：p.12)ことができる発達の段階にあるためである。評価対象としての集団の価値そのものに小学校と中学校・高等学校とで差があるわけではない。

2　評価の観点・規準

評価対象の一つである児童生徒一人ひとりの態度・能力の状況を「何に着目して」評価するかについて具体化したものが、『通知』で示された「評価の観点」であり、『参考資料』で例示された「評価の規準」である。

(1) 評価の観点

小学校と中学校における評価の観点は「集団活動や生活への関心・意欲・態度」「集団の一員としての思考・判断・実践」「集団活動や生活についての知識・理解」の三つであり、その趣旨は**表6**の通りである。

表6●評価の観点とその趣旨　　　　　　　　　　　　　　　　　　　　(筆者作成)

集団活動や生活への関心・意欲・態度〔小・中：同文〕	学級や学校の集団や自己の生活に関心をもち、望ましい人間関係を築きながら、積極的に集団活動や自己の生活の充実と向上に取り組もうとする。
集団の一員としての思考・判断・実践〔( )：中学校〕	集団(や社会)の一員としての役割を自覚し、望ましい人間関係を築きながら、集団活動や自己の生活の充実と向上について考え、判断し、自己を生かして実践している。
集団活動や生活についての知識・理解〔小・中：同文〕	集団活動の意義、よりよい生活を築くために集団として意見をまとめる話合い活動の仕方、自己の健全な生活の在り方などについて理解している。

表7●学級活動(1)「話合い活動」の評価の規準（小学校中学年）　　　　(筆者作成)

形態	集団活動や生活への関心・意欲・態度	集団の一員としての思考・判断・実践	集団活動や生活についての知識・理解
話合い	司会や記録の仕事、話合いに進んで取り組もうとしている。	よりよい学級の生活づくりに向けて考え、判断し、まとめようと話し合っている。	計画委員会の仕事の内容や計画的な話合いの進め方を理解している。

「関心・意欲・態度」は、前節で述べたブルームの教育目標の分類の枠組みでの「情意的領域」に相当する。「思考・判断・実践」は、「思考・判断」が「認知的領域」、「実践」が「精神運動的領域」に相当し、2領域にわたるものである。「知識・理解」は「認知的領域」に相当する。

(2) 評価の規準

評価の観点の趣旨をふまえ、指導・学習の目標が児童生徒の姿として実現・達成された状況を具体的に、各活動・学校行事（小：学級活動(1)、学級活動(2)、児童会活動、クラブ活動、学校行事(1)～(5)の9、中：学級活動(1)、学級活動(2)、学級活動(3)、生徒会活動、学校行事(1)～(5)の9）ごとに示すものが「評価の規準」である。『通知』では、各学校において「国等が示す評価に関する資料を参考にしつつ、評価規準や評価方法の一層の共有や教師の力量の向上等を図」ることとし、その評価に関する資料として刊行されたのが『参考資料』である。たとえば、小学校中学年学級活動(1)にかかる「評価の規準」として、**表7**のものが例示されている。

以上、本節では、「何を・何に着目して」評価するかについて、評価対象、観点・規準の3者をもとに述べた。その具体化の様相をまとめると、たとえば、評価対象「集団活動の望ましさ」イ「活動の目標を達成するための方法や手段などを全員で考え、話し合い、それを協力して実践できること。」は、評価の観点「集団活動や生活についての知識・理解」として「集団活動の意義、よりよい生活を築くために集団として意見をまとめる話合い活動の仕方、自己の健全な生活の在り方などについて理解している。」および評価の規準「計画委員会の仕事の内容や計画的な話合いの進め方を理解している。」へと、具体化が図られているといえる。

他方、ブルームが教育目標の分類で設定した行動目標（Behavioral objectives）は「それを学習し達成したならば、当然できるであろうと考えられるもので、普通それは「動詞」を用いて叙述される」（『新・教育評価法総説』上、p.138、以下『総説』と略記）ものであり、観点・規準の「理解している」状況を「どのような方法で」評価するか、まさに各学校において具現化することが求められるといえる。

第3節　評価の方法

「どのような方法で」評価するか。本節では、第1に『総説』の考究をもとに評価規準の具現化について、第2に『参考資料』掲載の評価事例をもとに観察法や作品法および質問紙法による評価の実際について概述する。

(1) 評価規準の具現化

『総説』では「外から観察できる生徒の活動の叙述は、活動や操作を表わすような動詞を用いてこれを述べるほかはない」(p.283)とし、知識・理解に関する動詞として表8のものを例示している。

評価の規準「計画委員会の仕事の内容や計画的な話合いの進め方を理解

表8●行動目標の叙述に使用される動詞の例　　　　　　　　　（筆者作成）

一般的目標	叙述に使用される動詞
知　識	定義する。区別する。見分ける。述べる。思い出す。認める。
理　解	変形する。自分の言葉で言う。例をあげる。区別する。説明する。証明する。並べかえる。描く。作る。分ける。

表9●「学級会の進め方」の確かめシート　　　　　　　　　　（筆者作成）

～こんなとき、どうしたらよいでしょう？～　集会でのゲームを決める話合いで、みんなの意見が2つに分かれました。こんなときは、どのようにして決定するとよいと思いますか。よいと思われるものすべてに〇をつけましょう。

　（ア）時間がもったいないので、すぐに多数決で決定する。
　（イ）次の時間を変更して、お互いが納得するまで話合いを続ける。
　（ウ）そのまま続けるとけんかになるので、先生に決めてもらうようにする。
　（エ）2つの意見のよい点を出し合うなどしながら、よりよいアイディアを考える。
　（オ）一人でも反対意見があれば決めないほうがよいので、2つとも選ぶか、2つとも選ばないかのどちらかに決定する。

している。」の場合、たとえば「計画委員会の仕事の内容や計画的な話合いの進め方について例をあげて説明する。」や「計画委員会の仕事の内容や計画的な話合いの進め方としてよいものとよくないものとを区別する。」、または「計画委員会の仕事の内容や計画的な話合いの進め方を示したカードを順に並べかえる。」とすることで「理解している」状況が可視化され、評価規準の具現化が図られる。指導の過程において指導と評価の一体化を期するため、児童生徒の姿に具体化することが不可欠である。

（2）評価事例に学ぶ

『参考資料』掲載の評価事例「なかよし集会をしよう（第4学年）」では、「目指す児童の姿と評価方法」を学級活動指導案に記載し、話合い活動中と事後に評価を実施している。たとえば、観点「関心・意欲・態度」は「自分の役割に進んで取り組もうとしている」姿を想定して「観察」を方法に、観点「思考・判断・実践」は「学級がもっと仲良くなるための集会の内容や工夫について、学級活動ノートに自分の考えを書いたり発言したりしている」姿を想定して「学級活動ノートの読取り・観察」を方法に、観点「知識・理解」は「話合いの際に計画委員として気を付けることを活動計画に書いている」姿を想定して「計画委員会活動計画の読取り・確かめシートの回答状況」を方法に設定し、評価を実施している（pp.37-45）。ありのままの行動・発言をもとにする観察法、ノートや活動計画を読取る作品法、そして、確かめシートでの回答状況をもとにする質問紙法といった多様な評価法を位置づける工夫に学びたい。その際、かかる評価法が成り立つのは、観点ごとに「目指す児童の姿」が具体的に定められているためであり、評価規準の具現化が不可欠なのである。

表9は、確かめシートの一部である。集団決定のあり方、つまり、集団の質を問うものである。読者の皆さんは、どのように○を付けるだろうか。

おわりに

集団の質は、形成者である児童生徒一人ひとりの態度・能力の状況に因る。日和見的な（ア）、他の迷惑を顧みない独善的な（イ）、依存性の大き

な(ウ)、二者択一的で偏狭な(オ)と、集団の質は多様である。

(エ)が正解であるのは、なぜか。本章での学びを振り返り、その理由について具体的に説明してみよう。

【文献一覧】

梶田叡一『教育における評価の理論』(Ⅰ・Ⅱ・Ⅲ)、金子書房、1994年

国立教育政策研究所教育課程研究センター『評価規準の作成、評価方法等の工夫改善のための参考資料小学校 (特別活動)』教育出版、2011年

国立教育政策研究所教育課程研究センター『評価規準の作成、評価方法等の工夫改善のための参考資料中学校 (特別活動)』教育出版、2011年

橋本重治『新・教育評価法総説』(上・下巻)、金子書房、1976年

文部科学省『小学校学習指導要領解説特別活動編』東洋館出版社、2008年

文部科学省『中学校学習指導要領解説特別活動編』ぎょうせい、2008年

文部科学省『高等学校学習指導要領解説特別活動編』海文堂出版、2009年

文部科学省初等中等教育局『小学校、中学校、高等学校及び特別支援学校等における児童生徒の学習評価及び指導要録の改善等について (通知)』文部科学省初等中等教育局、2010年

第7章
子どもたちに委ねる学級活動

橋本定男

はじめに

　特別活動の中心は学級活動である。学級活動の中心は話し合い活動である。その話し合い活動の中心が子どもたちに進行を委ねる「学級会」である。子どもに委ねはするが、学級会は「授業」として実施される。その授業を研究授業として公開するとき、授業前夜に学級会と教科の違いを実感することがある。学級会授業には特異なところがある。

　学校が全教室で全教科の研究授業をする研究発表会（附属小学校の研究発表会など）の前夜が分かりやすい。鮮やかに違いが表れる。学級会の事前指導や準備が終わり子どもが下校すると、授業者はやることがない。思いついても今さら手遅れだ。前夜に独特な潔いゆとりみたいなものが生まれる。教科だとこうはいかない。発問や板書の構想、提示物や教材・資料などについて夜更けまで、朝まで、直前まで吟味し続け苦悶する。一方、学級会の正否はほぼ子どもたちにかかっている。子どもに賭けるしかない。厳密に言えば「これまで子どもたちを鍛えてきた成果、指導や準備の成果」に賭けるのだが、気持ちでは命運を委ねた子どもと心中するような感覚がある。ジタバタせず、教科の授業者にエールを送りながら自分は帰宅しても可である。前夜の学校では教科の教室はいつまでも明るく、学級会の教室だけ真っ暗な風景もありである。

　たとえば、研究授業の前日、担任は帰りの会で言う。「明日、A案かB案かについて話し合うけど、今から言いたい人いますか？」形勢不利を感じていたB案の子がさっと手をあげ、B案のよさを訴える。それならとA案の子もすぐに手をあげ発言する。たちまち両方からどっと手があがる。はや熱くなりそうな雰囲気になったところで、担任は両手で押さえる仕草をし、「はい、ここまで。続きは明日！」こんなとき子どもたちの表情は意欲満々だ。担任は授業の盛り上がりを確信して（逆に、子どもの様子から重い沈滞を確信するときもある）、「前祝い酒でも」みたいな気分になる（ヤケ酒気分のときもある）。学級会だけの話である。（『子どもが力をつける話合いの助言』p.101）

第1節　進行を子どもに委ねる授業

1　進行を子どもに委ねた授業において、「深める」をねらう

　「前祝い酒」について、違った。子どもに命運を委ねる学級会の授業について、もう少し考える。実は、授業の正否は「盛り上がるかどうか」では決まらない。「深まるかどうか」なのである。子どもたちがその学級会・時間内において、盛り上がって次々と意見が出され黒板いっぱいに拡散した状態から、その先の収束段階に入れるかどうか。その中で納得ある合意をつくり出すことができるか。よりよい集団決定ができるか。「深まる」に至るにはまだある。子どもたちは意見の違いをのり越え、折り合いのつけ所を探そうとするか。自分の主張一辺倒をのり越え、互いに聴き合い、分かり合いを自覚した動きを見せるか、などの姿を具現することが授業の深まり、正否を決めるのである。白熱する話し合いの予想は成功の予想にならない。盛り上がりを確信しても「前祝い」は早い。

　教師は考える。我が学級の子どもたちは、話し合いに熟達していて任せても大丈夫というレベルには達していない（が、そういう夢はある）。それでも進行を委ねるのが学級会だ。しかし、子どもの仕切る流れに安易に介入して話し合いの道筋（子どもの論理）を壊したらモトもコもない。見守るスタンスをとり、自主的、自治的な話し合いとして進展する場を大切にしつつ、ここぞのピンポイントの支援や助言をする。何としても、自主的、自治的に展開している世界を維持しつつである。これが学級会の指導だ。

　では、賛成や反対の意見が拡散した段階からどのように収束へと方向転換を促すか。主張がぶつかる状態から理解し合い、合意をつくろうとする状態へ高めるにはどうしたらよいか。適切な支援や助言を構想し、心の準備をしておきたい。しかし、これが難しい。子どもに話し合いを委ね、その上で話し合いの深まり、質の高さを追求するのである。高い力量が求められる。

2 授業の準備開始時において、教科との違いが鮮やかに

　もう一つ異なる取り組み方がある。全教室、全教科の一斉公開をするような場合で、準備に取りかかる段階において、学級会の特殊性が鮮やかに分かる。学級会の授業者だけが超スローテンポになり、動けないのだ。

　学級会を除く全ての教科などの授業者は年間指導計画を見て、これはという単元が見つかれば、あるいは思う教材や単元があれば、さっそく教科書の分析や教材研究などに入ることができる。極端な話、何カ月も前から学習指導案作成に着手しようと思えば着手できるのである。学級会はそうはいかない。何か月か後の学級生活の実態がどうなっていて、子どもが何に興味・関心をもち、何に困ったと感じているかなど分かるだろうか。子どもが皆で何を話し合いたいと思っているかなど想定できるだろうか。（それでも構想を出せと研究主任は言ったりする。）

　学級会の授業では出発点でなんにもない。何もないところから動く。無から有をつくることをするのである。「つくる」「攻める」のである。何カ月か後の研究授業の時点で、このような問題意識や必要感、あるいは学級や生活をこうしたいという思い・願いの結集が生まれるようにと、戦略的に一歩を踏み出すところから始める。これは学級づくりを意図的、戦略的に始めることに等しい。ずっと先の授業時点あたりの学級集団のありようをイメージし、子どもたちの意識や動きを想像し、意義のある話し合いの必然をつくるための作戦を立てる。教科となんという違いだろう。一歩ずつ人間関係づくり、学級集団づくり、生活づくりを進め、子ども主役の物語を紡ぐようにして、徐々に指導構想を固めていくのである。一方で、子どもに学級会や学級活動にかかわる体験を積み重ねるようにする。話し合いのやり方、必要なスキルや「力」を体で覚えるように培っていく。コツコツとねらう態度や力を育てていく。

　以上のような地道な取り組みの上に、いくつもの学級会授業と研究授業がある。このように、「子どもに委ねる学級活動」は教師の指導総体の上に、子ども主役の物語づくりの上にある。

第2節　学級活動の内容
　　　　　〜「子どもたちに委ねる学級活動」とは〜

1　目標と内容

　学級活動は小学校で内容(1)(2)、中学・高校で内容(1)(2)(3)から成る。小・中学校（（）は高校）の目標は次のように記述されている。

> 　学級活動（ホームルーム活動）を通して、望ましい人間関係を形成し、集団の一員として学級（ホームルーム）や学校におけるよりよい生活づくりに参画し、諸問題を解決しようとする自主的、実践的な態度や健全な生活態度を育てる。（「学習指導要領」）

　この目標の核心は「自主的、実践的な態度」にある。すなわち、「学級や学校の生活づくりに参画する」ことを進め、その際に生活の中で起こるさまざまな問題や課題（＝「諸問題」）について、みんなで話し合い、協力して取り組み、積極的に解決しようとする態度のことである。
　さらに、そのような取り組みを進める過程で、自己をよりよく生かそうとしたり、自己の生き方（人間としての生き方：中学、人間としてのあり方生き方：高校）などについて考えたり、自覚を深めたりすることが自主的、実践的な態度に含まれるとされる。
　重要なことは、学級において子どもたちが「よりよい生活」をつくるために生活上の「諸問題を解決しようとする」活動を自主的、自治的に進めることである。学級活動の基本であり、特別活動の基本である。これが学級活動・内容(1)「学級や学校の生活づくり」である。そして、<u>学級活動・内容(1)が「子どもに委ねる学級活動」にあたる。</u>
　学級活動の内容を概観しておこう。小学校；内容(1)「学級や学校の生活づくり」、内容(2)「日常の生活や学習への適応及び健康安全」。中学・高

校;小と同様な内容(1)と、内容(2)「適応と成長及び健康安全」、内容(3)「学業と進路」である。小学校と中学校を一覧する**(表1)**。

表1の中の共通事項(1)、つまり学級活動・内容(1)「学級や学校の生活づくり」では、子どもたちが学級や学校の生活を楽しく充実したものにしよ

表1●小学校と中学校における学級活動の内容（学習指導要領）

小学校	中学校
[第1学年及び第2学年] 　学級を単位として、仲良く助け合い学級生活を楽しくするとともに、日常の生活や学習に進んで取り組もうとする態度の育成に資する活動を行うこと。 [第3学年及び第4学年] 　学級を単位として、協力し合って楽しい学級生活をつくるとともに、日常の生活や学習に意欲的に取り組もうとする態度の育成に資する活動を行うこと。 [第5学年及び第6学年] 　学級を単位として、信頼し支え合って楽しく豊かな学級や学校の生活をつくるとともに、日常の生活や学習に自主的に取り組もうとする態度の向上に資する活動を行うこと。 [共通事項] (1) 学級や学校の生活づくり 　ア　学級や学校における生活上の諸問題の解決 　イ　学級内の組織づくりや仕事の分担処理 　ウ　学校における多様な集団の生活の向上 (2) 日常の生活や学習への適応及び健康安全 　ア　希望や目標をもって生きる態度の形成 　イ　基本的な生活習慣の形成 　ウ　望ましい人間関係の形成 　エ　清掃などの当番活動等の役割と働くことの意義の理解 　オ　学校図書館の利用 　カ　心身ともに健康で安全な生活態度の形成 　キ　食育の観点を踏まえた学校給食と望ましい食習慣の形成	学級を単位として、学級や学校の生活の充実と向上、生徒が当面する諸課題への対応に資する活動を行うこと。 (1) 学級や学校の生活づくり 　ア　学級や学校における生活上の諸問題の解決 　イ　学級内の組織づくりや仕事の分担処理 　ウ　学校における多様な集団の生活の向上 (2) 適応と成長及び健康安全 　ア　思春期の不安や悩みとその解決 　イ　自己及び他者の個性の理解と尊重 　ウ　社会の一員としての自覚と責任 　エ　男女相互の理解と協力 　オ　望ましい人間関係の確立 　カ　ボランティア活動の意義の理解と参加 　キ　心身ともに健康で安全な生活態度や習慣の形成 　ク　性的な発達への適応 　ケ　食育の観点を踏まえた学校給食と望ましい食習慣の形成 (3) 学業と進路 　ア　学ぶことと働くことの意義の理解 　イ　自主的な学習態度の形成と学校図書館の利用 　ウ　進路適性の吟味と進路情報の活用 　エ　望ましい勤労観・職業観の形成 　オ　主体的な進路の選択と将来設計

出典：〔『中学校学習指導要領解説　特別活動編』p.45〕をもとに作成

うと、積極的にそして自主的、自治的に生活づくりを進めていく。それは、教師が子ども主体の生活向上の活動を組織することで起こる。いいかえれば、活動を「子どもに委ねる」形で組織して進展させ、その過程を通して、学級活動のねらう資質・能力を育てていくのである。子どもは「委ねられた」意識などなく、教師の思惑と別次元で自分たちの思い・願いを具現する活動を進めていく。子どもは子どもの論理で進む。活動の動機も目的も意義や意味も子どもの論理の内にある。その論理を守りながら、適切な指導を進め、育てたいものを育てるのが特別活動のやり方である。

2　活動形態

望ましい人間関係形成や生活の充実向上を図る学級活動・内容(1)に三つの形態がある。(a)話し合い活動、(b)係活動、(c)集会活動である。指導の成果を上げるためには、内容(1)の特質を踏まえて活動形態に即して効果的に指導することが求められる。

(1) 話し合い活動

内容(1)において中心的な役割を果たす。とくに表のア「学級や学校における生活上の諸問題の解決」の核心を占めるのが、学級や学校の生活の充実と向上に関する諸問題について話し合う会議の場、「学級会」である。ほかに、短学活と呼ばれる「朝の会、帰りの会」も大切である。

(2) 係活動

表のイ「学級内の組織づくりや仕事の分担処理」では二つが大切だ。

①学級会が円滑に進められるように計画や準備などを行う「計画委員会」

計画委員会は(a)のための組織である。これがあってはじめて学級会の自主的、自治的な準備、運営が可能になる。この組織のないところで学級会を開くのは無理である。必ず世話役のスタッフが必要だ。

②各自が自己を生かせる役割をもち、協力して生活を豊かにする「係」

係活動は、役割を集団に認められ居場所を得て、張り合いや希望をもつという効果がある。自分たちの力で生活を豊かにする活動であり、自己を生かす活動であるので、学級経営にとって重要である。学級生活が楽し

なる。

(3) 集会活動

　楽しく豊かな学級生活をつくる上で欠かせないものに、集会活動つまり「イベント」がある。話し合って何をするかを決め(a)、役割を分担し合って準備、運営する(b)ので、上記(a)(b)の応用形になっている。**表1のウ**「学校における多様な集団の生活の向上」との関連では、幼児やお年寄り、小・中学校間、異年齢間の交流活動が増えていることから、楽しい時間を共有し人間関係をつくる集会活動の形態が人間関係形成上の効果をあげている。また、このような集会活動において、異質で多様な集団と組むことの効果が改めて注目され、平常時における、いじめ問題や不登校対策、学級の荒れ（崩壊）対策のツールとして浮上してきている。

第3節　話し合い活動
～諸問題に取り組む学級会～

1　ハードとソフト

　子どもたちが学級会で話し合いたいと思うのは、①「みんなで楽しいことをやりたい」②「困っているのでなんとかしたい」③「こうするともっとよくなる」などという思い・願いが生まれたときである。しかし、思っても受け皿（仕組み）がないと散ってしまう。教師に言うだけでは自主的、自治的な動きにならない。また、<u>思い・願いを声にする→声を学級が受け付ける→学級で話し合う→決定を受けて思い・願いに向かう動きが進む→思い・願いが実現する</u>、このパターンをくぐる体験がないと、思い・願いの実現するイメージがないので、必要感も意欲も生まれない。仕組み（ハード）とそれが機能する動き（ソフト）が必ず必要である。

　仕組みとしては、ⓐいつでも提案できる「学級会ポスト」、ⓑ直に訴えることのできる短学活（朝の会、帰りの会）の「プログラム」（例「みんなに言いたいこと」）、ⓒ学級会の準備、運営をする「計画委員会」、ⓓ小グ

ループになってすぐに話し合うことのできる「生活班」、ⓔ課題や問題に向かうための目的に編成される、収束するまで期間限定の、有志による「実行委員会」、そしてⓕ係、当番、ⓖ学級会カードなどである。

2 諸問題解決について話し合う学級会

では、どのように展開するか。生活上の諸問題として「あだ名の問題」を例に取り上げる。学習指導要領解説に学級活動・内容（！）の活動過程が載っている**(表2)**。そこにあだ名の例に関する動きを加筆した（★）。

(1) 提案

「言い出しっぺ」の子どもによる提案から始まる。しかし生活づくりについて高い関心や問題意識をもち、提案までする子は初めは少ない。また「困ったこと、嫌なこと」の当事者になっても、そういう子ほど全体に向けて声を出すことは難しいものである。そこで、教師は裏に回って支えたり、一緒に提案する子やいち早く支持を表明する子（サクラである）などを用意したりする。学級活動の世界に「根回し」はきわめて重要である。特別活動では、このような水面下の根回しや仕掛けが一番おもしろい。

(2) 計画委員会

学級会の準備や運営をする、交代制の世話役である。まず、複数の提案から候補を選び、議題案をつくり学級に承認してもらって議題を決定する。一つの声を全体に広げる役である。問題の共有化、世論づくりをする。ここを教師が補強する。提案の提案者にとっての意味や学級にとっての意味をつかみ、説明する（＝「語る」）などの働きかけが必要である。そして、学級会で話し合う事柄（柱）をつくり、活動計画として示す。

大切なポイントがある。時間内に話し合いを深める柱づくりである。

> ○「～をどうしたらよいか」の議題では、A案、B案、C案、D案（2、3案が適切なようだ）などと絞り、選ぶ話し合いにする。

例では、あだ名で他の人を呼ぶことについて、A案（これまで通り＋気

表2● 「学級や学校の生活づくり」の内容の特質に応じた「話し合い活動」の事前、事後などの一連の活動過程　★例；「あだ名の問題」をどう扱うか

学級活動・内容（1）学級や学校の生活づくり（あだ名のルールづくり）			
事前の活動	議題の発見	教師の適切な指導の下に、児童が次の活動を行う。①よりよい学級や学校の生活づくりにかかわる諸問題を見つけ、提案する。 ★ 嫌なあだ名で呼ばれている子が、やめてほしいと「学級会ポスト」に提案をする。←教師の支え、励ましによってS子が提案	
	共同の問題（活動）の設定	②協力して達成したり、解決したりする共同の問題（活動）を決めて、問題意識を共有する。 ★ 計画委員会でポストをあけ、議題案を選択する。いくつかの案からS子の提案を取り上げる。S子を呼び、その旨を伝え、理由を確認する。 ★ 学級として「あだ名の問題」に取り組み、解決することを計画委員会で確認。	
	議題の設定	③目標を達成したり、問題を解決したりするために、全員で話し合うべき「議題」を決める。 ★ 計画委員会で「あだ名の問題」解決のために何を話し合うか相談する。 ★ 「条件（ルール）」について話し合うことにした場合、議題「あだ名で嫌な思いをする人を出さないために、どうしたらよいか」 ★ 短学活（朝・帰りの会）で、S子が理由を説明、議題を承認してもらう。	
	計画の作成	④話し合いの柱や順番など話し合い活動（学級会）の活動計画を作成する。 （教師は、指導計画） ★ 話し合いの柱は2本。1本目は3択。A案（これまで通り＋気をつける）B案（条件つき；ルールをつくる）、C案（いっさい禁止）。2本目ではもし条件つきになったら、その条件を決める。B案になると想定する。	
	問題の意識化	⑤話し合うことについて考えたり、情報を収集したりして、自分の考えをまとめるなど問題意識をもつ。 ★ S子が再び提案理由説明。計画委員が話し合いの趣旨、めあてを説明。 ★ 各自がA案B案C案のどれがよいか立場や意見を明確にする。「迷っている」もよい。B案の人は条件も考えておく。学級会カードに意見を書いて臨む。	

本時の活動	話し合い活動　**集団討議による集団目標の集団決定** ○協力してよりよい学級や学校の生活をつくるために、集団として実践するための目標や方法、内容などを決める。 (提案理由の理解 → 意見の交換 → 多様な意見を生かしたよりよい集団決定をする) ★　B案になるだろう。条件（ルール）を決め、あだ名で他人を傷つけることをなくする決議を期待する。A案、C案の意見がどう受け止められるか。分かり合いがあるか注目する。 ★　ルールは単純明快であること。決まったら、学級の総意として守る意欲がみえるかどうか。 ★「あだ名の問題」の本質は、相手の気持ちを思いやる心にある。教師はそこに着目して支援。
事後の活動	○集団決定したことを基に、役割を分担し、全員で協力して、目標の実現を目指す。 ★「あだ名の問題」への取り組みを通して、ルールを守ることで問題が解決される体験が重要。ルールをつくり、生活上の問題を解決し、規律ある楽しい生活をつくる喜びを味わわせる。このルールは死守されねばならない。 ○活動の成果について振り返り、評価をする。 ★ある期間を設け、振り返りをする。うまくいけば「あだ名の問題終結宣言」をし、掲示する。

出典：〔『小学校学習指導要領解説：特別活動編』p.47〕をもとに作成。★例として筆者が加筆した文

をつける）、B案（条件つき：ルールをつくる）、C案（いっさい禁止）の三択になっている。このようにすると、第1に短い時間で議論が核心に入りやすい。時間が十分にないと、折り合い点を探したり、理解し合ったりするところまで行かずに、多数決になる。第2に、学級会以前に自身の立場や意見をはっきりさせ、自信をもって臨むことができる。学級会カードを持参し、読めばよいからである。こうして、いよいよ学級会本時。司会などを「司会団」が担い、進行にあたる。

（3）学級会本時の教師の出番～対話型学級会と教師の出番

　正面に司会と副司会。隣にノート書記。後ろに黒板書記（1、2名）。教師は司会団からやや離れた自分の机か、そのあたりにいる。これが学級会の典型だ。形はすぐできるが、話し合いの成立となると難しい。

図1 ●対話型学級会の流れ　（筆者作成）

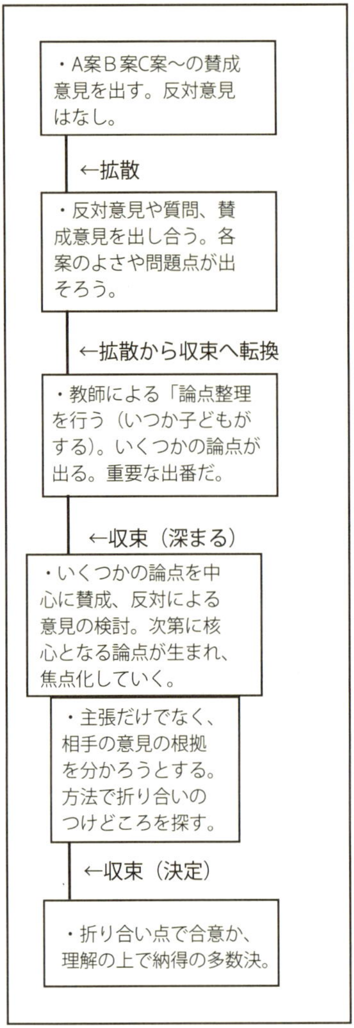

- ・A案B案C案〜の賛成意見を出す。反対意見はなし。

←拡散

- ・反対意見や質問、賛成意見を出し合う。各案のよさや問題点が出そろう。

←拡散から収束へ転換

- ・教師による「論点整理」を行う（いつか子どもがする）。いくつかの論点が出る。重要な出番だ。

←収束（深まる）

- ・いくつかの論点を中心に賛成、反対による意見の検討。次第に核心となる論点が生まれ、焦点化していく。
- ・主張だけでなく、相手の意見の根拠を分かろうとする。方法で折り合いのつけどころを探す。

←収束（決定）

- ・折り合い点で合意か、理解の上で納得の多数決。

壁の一つは、多様な意見が出るのだが、拡散するばかりで先が見えてこないとき、そこで多数決を採りやすいことである。このような学級会が多い。拡散の先の収束から深まるのだが、進めないでいる。

学級会の改善を図りたい。3点ある。

①拡散から収束への局面転換は教師の出番である。「論点整理」を行う。意見の違いに着目し、「○○か△△か、ここを話し合おう」などと、話し合いの土俵を整えるのである。軸をぶれなくする。

②違いを大切にしつつ、やり方を工夫し、折り合いをつけられないか、と意見をすり合わせる。一方で、意見の根拠をよく吟味する。意見に内在する価値（目指す方向）や生き方の違いまで明らかになることがある。方法で折り合いがつくか、それとも価値の選択か。方法で折り合いがつけば合意に至りやすい。しかし、折り合いを模索した折衷案が出ても、意見の一つとして加わることになる場合も多い。ここまでくれば多数決もよい。多数決では方法を選ぶが、実は価値・方向の選択をすることになるのである。

③自身の意見を主張し、相手に反駁（はんばく）するだけに終わらずに、互いに意見を聴き合い、分かり合うことを自覚し、大切にする。そのような発言の仕

方を助言したり、そのための時間をつくったりする。

以上のような工夫ある学級会が「対話型学級会」である。深まりが期待できる。

（4）集団決定

図1のように方法上の折り合い点が見つからなければ多数決になる。分かり合いが進んでいれば「納得の多数決」で、合意に等しい。ここで重要なことは、多数決でA案なりB案なりが選ばれたとして、それは実は、その根拠となっている考え方、価値や目指す方向が選ばれたという点である。そこを子どもに示し、強調する必要がある。

さらに、問題解決の学級会で大切なことは、集団決定によって全員の総意としてのルール、約束が生まれるという点である。学級集団に責任が生じる。ある子どもが誰も周りにいない状況で、決定違反、ルール違反の場面（「誰かが誰かに嫌な思いをさせるあだ名を言っている」など）を見たとき、一人のままでも「やめろよ」と言うことが可能になる。後ろに学級集団がついているからである。「クラスみんなを敵に回してもやるのか」と迫ることのできる状況（＝「きずな（絆）」）が生まれる。この意味は非常に重要である。話し合いで問題が解決するとは、その「絆」が問題の抑止に働いていることをいう。集団決定は死守することである。

おわりに

係活動を活性化しよう。二つの係を設けるとよい。通常の係と会社方式の係である。二つあるところがミソである。表にしてみる**（表3）**。

会社方式の係はやりたい者が仲間を募ってやりたいことをやるので、クラブ活動の色合いを帯びる。自己のよさをのびのび生かす仕組みであり、高い自由度と気楽さがよい。ポイントは、「民間」の自由競争原理が働いて、誰も活動に参加してくれないことがあることだ。それは自分たちの努力が足りないからと、子どもたちは平気である。会社発の活動が並ぶなど、活気が出る。ただ、いつでも全員がどこかに所属しているわけでなく、体験にでこぼこが生まれる。第2係のみの係活動にするとそこが問題だ。そ

表3●二つの係 (筆者作成)

通常の係(第1係)	会社方式の係(第2係)
○ 学級で話し合い、生活を豊かにするためにあったほうがよいとして選ばれたもの。設置について学級の責任がある。改廃に承認がいる。	○ 個人が学級のために、生活を豊かにすることに役立つと思えば、「〜の会社をつくります」と言った時点で成立。やめると言えば廃止。
○ 設置が決まったところで、希望を生かしながら、全体で調整をとりつつ、所属を決定する。所属に学級の責任がある、変更に承認がいる。	○ 所属は、立ち上げ人が希望を募ったときに応募し、認められれば決定する。立ち上げ人は、条件を示し、公開オーディションをするとよい。
○ 活動時間は「公の仕事」として保障される。また係が主催する活動は、全員参加を要請することができる(話し合いで承認されなければならない)。	○ 活動時間は「民間の仕事」であるので保障されない。休み時間を使うしかないことになる。 　参加は常に「自由参加」である。うまく宣伝しないと参加者ゼロに。それが普通にあるそのリアルが子どもを鍛える。
○ 活動が沈滞し、機能しなくなったら、学級に対して責任が生じる。学級として知恵を貸すなど、支えることが求められる。	○ 活動が沈滞すれば、自然に消滅する。また復活してもよい。あるイベントをやり、それで解散でもよい。会社は自由に生まれ、消える。

こで、学級生活を豊かにする活動を自主的、自治的に進める体験、自己を生かす体験は第1係で担保する。

　第1係には全員が所属し、第2係には自由に出入りし、無理なく楽しめるようにする。優先度は常に第1係である。生活がとても賑やかになる。第2係はカンフル剤とし、期間限定でもよい。かくして、係活動と日常の学級生活が活性化する。

【文献一覧】

　　橋本定男『子どもが力をつける話合いの助言』(学級活動指導法セミナー)明治図書出版、1997年
　　文部科学省『小学校学習指導要領解説：特別活動編』東洋館出版社、2008年
　　文部科学省『中学校学習指導要領解説：特別活動編』ぎょうせい、2008年

第8章

子どもたちに委ねる
ホームルーム活動

木内隆生

はじめに

　高等学校ホームルーム活動においてホームルーム教室は、高校生が学校生活を送る上での基礎的な生活の場、居場所であることが前提である。多くの船が出港し戻ってくる母港のごとく、高校生はホームルーム教室を基地として各教科の授業や部活動、さまざまな教科外活動を行うのである。一方でホームルーム担任教師が、ホームルーム活動を通して適応や選択に関するガイダンスを実施する場でもある。

　本章では、まず、ある伝統校（T高校）のホームルーム活動に注目する。高校生が教科外活動へ自治的に取り組む様子を観察するとともに、高校生をサポートするホームルーム担任教師の役割について考察する。それを踏まえて二つの先進的なホームルーム活動の授業実践例（W高校とM高校）を紹介する。

第1節　旅行行事における自治的活動（T高校）

1　T高校の自治活動

　T高校は都内の山手地区にある伝統的進学校である。現在は中高一貫六年制の中等教育学校に改編されている。旧制七年制高校からスタートして80余年、「自由と自治」や「真理の探究」を校訓とする唯一の大学附属公立高校であった。

　T高校の2大行事は5月の体育祭と、9月の文化祭である。生徒から選ばれた実行委員会と生徒会役員会との共同で企画・運営されている。2年生の11月実施の修学旅行も当該学年生徒にとっては大きな行事である。

　T高校の修学旅行も生徒から選出された旅行委員会（各クラス2～3名）で企画・運営される。旅行委員会は2年生の4月から本格的に活動する。旅行委員会担当の教師とともに旅行業者の添乗スタッフや現地スタッフと

打ち合わせたり、電話やFAXで連絡を取り合う。

　筆者は2年生のあるクラスのホームルーム活動の時間に半年間、参与観察を行った。この参与観察で対象とした事例の一つが11月上旬に実施された長崎県五島列島方面への修学旅行3泊4日である。筆者は修学旅行1カ月前から事後活動までの約40日間を観察期間とした。

2　修学旅行での生徒たちの様相

　筆者は事前に4回のホームルーム活動（10/8、10/15、10/29、11/4）を参与観察し、修学旅行期間（11/5～8）も当該学年に同行、観察を続けた。

　旅行委員の生徒15名（A組2名、B組2名、C組3名、D組3名、E組3名、F組2名）は点呼指示・集約、搭乗券など配布、諸注意、移動時はクラス前後で巡視、誘導・案内、忘れ物点検、入島式あいさつ・司会進行、館内放送など、極めて手際よくエネルギッシュに行った。旅行委員以外の生徒も行動班や宿舎での役割分担がある。旅行委員たちは班長会議や室長会議を招集し、司会進行する。また、保健係や生活係の生徒を集めて諸注意や行動を指示する。3日目はコース（6クラスを10コースに分散）別での見学行動があり、コース長や副長として引率（集合点呼、諸注意、昼食配付、時間指示、安全配慮など）をした。

　宿舎で旅行委員の生徒たちは、23時消灯後にも各室を巡回して、騒いでいる生徒の就寝を促す。その後0時過ぎまで旅行委員の会議を行う。翌朝は一般生徒より30分早く起床し、起床の音楽テープを館内放送で流す。全員で各室を巡回して、寝坊生徒の起床を促すのである。

　この様相について旅行業者の添乗スタッフは、「自分たちの仕事が半分になった」「教師ではなく、旅行委員の生徒たちの指示で動いた」と評価した。現地の宿舎スタッフやインストラクターは、T高校の生徒が全員私服であるため、旅行委員の生徒を「若い教員だと思っていた」と勘違いした。多くの生徒たちは、「旅行委員は特別扱いされていたが、それは当然である」と話している。一般生徒が就寝した後、旅行委員の会議には宿舎

側からフルーツなどがサービスされていたからである。

　もちろん、各ホームルーム担任教師も巡回し、保健係の教師は体調不良の生徒を看護した。しかし、旅行行事の全体進行は常に旅行委員たちの指示で動いていたと言える。旅行行事の全体進行は旅行委員会の生徒と担当教師が事前に詳細まで決めたものだからである。

3　担当教師の支援方法

　旅行委員会を担当したM教諭は国語科の中年男性教員で、筆者が参与観察したクラスのホームルーム担任でもある。修学旅行関係の話し合いや決め事が多くなる1カ月前のホームルーム活動では、M教諭が首尾一貫して旅行委員の生徒2名（H君、Iさん）を前面に押し出して進行した。

　H君は旅行委員長でもある。学年全体の修学旅行準備で忙しいが、さまざまな情報や決定権を持っている。クラスの生徒の意見や要望を吸い上げさせつつ、委員長の持つ情報などを提供させた。一方で修学旅行当日は忙しくなる委員長をサポートできるクラス内の体制をつくった。行動班や宿舎の班長・室長は旅行委員に協力的なメンバーから選出し、修学旅行の準備がクラス全体まで拡大するように常に配慮していた。ホームルーム活動の時間以外にも、昼休みや放課後を利用して班別ミーティングが実施された。今回の旅行委員会の指導方法についてM教諭は次のように語っている。

> 　委員会の仕事は多岐にわたるが、ここでは『シナリオ作り』にしぼって話を進める。『シナリオ作り』は生徒にとって面白い仕事である。役割分担を決めておいても、シナリオ係以外の生徒も必ず興味を持つ。極端な場合、委員会以外の生徒も興味を持つ。そして、一緒に仕事をする生徒も出てくる。当然、委員でありながら顔を出さなくなる者もいる。それで良いと思う。固定的なメンバーで仕事を進めるより、様々な個性がいたほうがつくる物の内容が練り上げられる。（『東京都立大学附属高等学校研究紀要〔第19号〕』p.75）

ここでM教諭がいう「シナリオ」とは、いわゆる「マニュアル」のことである。これを以下のようにして旅行委員に作らせたのである。

> これを徹底的に細かく作る。たとえば、初日、集合時間はいくつかあるはずである。つまり、一般生徒の集合時間、教員の集合時間、添乗員の集合時間、委員の集合時間など。場合によってはそれぞれの集合場所も多少変えた方がよいかもしれない。となると、その場所の図面が必要になる。また、その時間までに集まるための交通機関の情報も欲しくなる。集まったら集まったで、誰が何をいうのか、それはいつなのか、もし、順調に行かなければどうするのか、など。これらを全て一目で分かるようにまとめて行く。(『同上研究紀要』pp.75-76)

M教諭は引率教員や添乗員の集合時間・場所まで旅行委員に決めさせていた。起こりうる事故・緊急事態などを想像させて、その対処方法をシナリオに記入させた。そのような完璧なシナリオを旅行委員に要求したのである。そこに至った理由をM教諭は次のように説明している。

> 私が気をつけたのは、一切アドリブを入れさせなかったことである。つまり、このような場合に言うことは当然決まっている。したがって、いちいち書かなくてもよいと考えられる場面が必ず出てくる。生徒は「そんなの、そのときに言うやつが考えればいいよ」と言う。私はそれをさせなかった。どのように決まり切ったものでも書かせた。そうすれば、「シナリオ」さえあれば他のことは何も知らなくても、旅行は進む。全ての委員が何もかも理解していることはあり得ないからである。もちろん、教員・添乗員のせりふまで全部書いたわけではないが、仕事の内容は全て、行う時間も含めて、記入させた、と言うか、生徒が勝手に書いた。だから我々はその通りに動いた。(『同上研究紀要』p.76)

M教諭が示した道筋で旅行委員たちはより完全な修学旅行を目指し、や

や暴走気味に進んでいく。そのような生徒たちの気持ちをM教諭は、以下のように分析している。

> これの作成過程でいつも感じるのだが、軌道に乗り始めると、生徒は実にいろいろなことに気づき始める。我々から見れば何もそこまで細かくしなくとも、と思うこともある。しかし、生徒たちはこの作業を通じて、完璧な修学旅行を作り上げたいと考えるようになっていく。先生方・修学旅行委員・添乗員がみんなこれを守ればそれはできる、という気持ちになっていく。(『同上研究紀要』p.76)

このシナリオ作りは生徒たちもM教諭も面白いからやっていると言う。この自主的な気持ちが旅行委員主体の修学旅行を生み出していく。一般生徒は旅行委員を支持し、旅行委員にしたがって行動する。このような仕組みがT高校の自治活動を成立させているのである。

4 まとめに

結果としてこの旅行行事は、旅行委員や多数の生徒の協力により期待以上の成果があったと言える。旅行行事では行動班や生活班、各コースでの話し合い活動や共同作業がある。このときメンバーの共同性をコーディネーションする働きが、班長やコース長には求められる。班やコース単位でリーダーシップを発揮し、それが所属集団に受容されるかどうかが重要な要因となる。しかし、この旅行行事の成功の鍵はやはり担当教師の指導力にある。T高校の事例は旅行委員が主体となった自治的活動であるが、具体的にはシナリオ作りという方法論と、その完全性追求という指導方針によって結実したものである。

高等学校段階の特別活動の指導においては、生徒に全てを任せることで生徒の自主性や自治性を育てるという誤解がある。本書における「子どもたちに委ねる」とは放任的指導ではない。高等学校段階でも生徒の諸活動を軌道に乗せるためには、教師の仕掛け・工夫などが必要である。生徒た

ちは軌道に乗せると自ら走り始める。ときには暴走・脱線する。そのときは軌道修正のために介入すればよいのである。

特別活動の特質にはメンバーによる共同性の発揮がある。生徒同士や教員と生徒の共同性の原点は、たとえばM教諭の「生徒も教師も面白がってやる」ことである。最初は局所的な共同性が、徐々にネットワーク化することで自治的な集団を形成するのである。次節では先進的なホームルーム活動の授業実践例に注目する。生徒同士や生徒と教師の共同性をどのように仕組むかなど、ホームルーム活動の授業方法論を考察する。

第2節 救助体験活動を通した向社会性の発揮（W高校）

1 ホームルームで行う奉仕体験活動

ホームルーム活動でボランティア活動を取り扱うようになったのは、平成11年高等学校学習指導要領改訂からである。奉仕活動についてはすでに平成元年改訂の高等学校学習指導要領で、クラブ活動や奉仕的行事などを通して社会奉仕に取り組むように提案されている。

現行の学習指導要領ではホームルーム活動で、「他の人々や社会のために役立つ体験をしながら、そのことを通して自尊感情を高め、自己実現を図り、自他が共に価値ある大切な存在として共生していることを実感し豊かな心情を培うこと」（『高等学校学習指導要領解説：特別活動編』p.25）が指示されている。ホームルーム単位でボランティア活動に取り組むことは、今日的な教育課題の一つとなったと言える。

このような経過の中で東京都教育委員会は、2007（平成19）年度より東京都設定教科・科目「奉仕」を全ての都立高校生に1単位時間必履修させることとした。これはボランティア活動の基本的性格である自発性（強制ではない、自由意思である）に対して、ボランティア学習のカリキュラム化

表1●1年生救助体験活動「Wレスキュー体験」A組授業展開

		学習活動・指導内容	留意点	評価の観点
導入 10分	13:20 13:25	各ホームルームでの直前指導 ・移動経路と救助訓練方法の最終確認 移動開始（救急法係13名剣道場へ）	押さない、 駆けない、 しゃべらない、 戻らない	心構え 真剣さ 安全配慮
展開 80分	13:40	救急法係の生徒に対する訓練 ・高度な救急法、AED作動訓練（剣道場）		
	13:30 14:00	負傷者誘導・搬送訓練（体育館へ） ①アイマスク使用の負傷者誘導10名 ②担架使用の負傷者搬送5名 ③簡易担架（毛布と竹竿）の組立およびそれを使用しての負傷者搬送5名 ④車いす使用の負傷者の搬送5名 体育館で簡易救急法講話 ・人工呼吸と心臓マッサージの実際 ・希望生徒への訓練	被災者役生徒へ声かけ（励まし） チームワークの発揮 救急スキル獲得	意思の一致 愛他精神
まとめ 20分	14:40	体育館にて全生徒が集合、整列する ・講話「Wレスキュー体験の評価」	ボランティア学習の理解	ボランティアマインド

出典：〔『授業ネットワーク"まなび"特別活動研修会紀要』p.25〕を一部修正

（全員が学び、身につけたいもの）の推進であると解釈できる。

2　W高校の救助体験活動

W高校は東京都多摩地区に新設された総合学科高校である。W高校で実施された1年生救助体験活動「Wレスキュー体験」の事例に注目する。実施日時は平成18年11月1日（水）5～6時間目、授業目的は地震・火災を想定し、被災者役生徒を安全かつ迅速に誘導・搬送する救助訓練と救急法（心臓マッサージ・人工呼吸、AED）訓練を通して、防災意識やボランティア・マインド、自他の安全確保の方法、救急法の実際などを学ぶことである。1年A組の授業展開は**表1**の通りである。

3　救助体験活動の評価

　事前指導は10月11日、25日の2日間行われた。A組の誘導・搬送係生徒17名も誘導・搬送方法の予行演習を受けている。11月8日のホームルーム活動では振り返りアンケートと希望者への再訓練を実施した。その結果、「(少し＋すごく) ためになった」が97.3％ (37人中36名)、「レスキュー体験は経験した方がよい」(100％)、「困っている人を助けたい」(92.1％) など、救助体験活動への積極的支持が示された。

　W高校では被災後の臨場感を作るために、被災者役生徒はアイマスクで目を覆ったり、両足を縛るなど不自由な状態で3階から狭い階段を下ろしている。一方、搬送係の生徒は4名一組となり声を掛け合って、被災者役生徒が乗った担架や車いすを、持ち手を分担・工夫して、互いに励ましながら搬送したものである。

　W高校での実践事例は、極めて局所的で短時間な共同性の発揮、促進であった。しかし、①救助活動は一人ではできないこと、②厳しい作業をメンバーが意思一致させて行うこと、③被災が大きくなれば救助活動はより困難になること、④被災者は不安感・恐怖感をもっていること、⑤災害に対する想像力・危機感と当事者意識をもつこと、⑥科学的・医学的な知識やスキルなどを身につけること――これらのことに気づき、獲得することへの動機付けがしっかりと図られたと推察される。

　救助体験活動を通して行われる支え合い、学び合う共同性は、高校生に求められる向社会的行動を促進する可能性を持っている。被災し負傷した人々だけでなく、幼児や高齢者、障害のある人々と共に、災害を克服する意思と行動力を育成する方法の一つであると言えよう。

第3節 グループ活動を通した キャリア教育（M高校）

1 キャリア教育推進の背景

　キャリア教育の推進に関する総合的調査研究協力者会議報告書（平成16年）では、端的という限定付きではあるが、キャリア教育は勤労観・職業観を育てる教育であると定義された。その後、キャリア教育の下位概念として構成された4領域8能力の見直しが行われ、現在は基礎的・汎用的能力の育成と改められている。基礎的・汎用的能力は、①人間関係形成・社会形成能力、②自己理解・自己管理能力、③課題対応能力、④キャリアプランニング能力、の4能力で構成されており、小学校から段階的にキャリア教育を行うことが期待されている。

　小学校におけるキャリア教育の目標例の一つに夢や希望、憧れる自己イメージの獲得がある。具体的には、「得意なことや好きなことを生かして将来なりたい自分の姿を描いたり、目標をもったりすることを通して、できることをやり尽くそうとすると努力する」（『小学校のキャリア教育の手引き』p.18）という子ども像が示されている。高等学校段階は現実的探索・試行と社会的移行準備の時期と位置づけられており、上記4能力の③④の試行と準備が重視されている。ホームルーム活動の活動内容の一つに学業と進路に関することがあり、高校時代は主体的に進路の選択・決定を行わせ将来設計を考えさせる時期となる。しかしその直前で迷い悩み、立ちすくんでいる高校生は少なくない。

2 M高校におけるホームルーム活動（キャリア教育）

　M高校は都内S区にある中堅普通科高校である。高校3年2学期で進路問題に直面し、生徒は多くの葛藤を抱えることとなる。筆者はそのような高校生を励まし、自立へと導くグループワーク演習（以下、GW演習と略

表2●ホームルーム活動（キャリア教育）の概要

1．日時	平成17年11月16日（水）6時間目
2．場所	都立M高等学校 3年B組教室
3．対象	3年B組生徒39名（男子18名、女子21名）
4．内容	(3)学業と進路　オ 主体的な進路の選択と将来設計
5．目標	自己の進路を探り、決定するとともに、自己実現のための活力を与える
6．方法	GW演習「子ども時代に抱いた将来の夢を振り返る」（本時）
7．本時の学習目標	3学年の11月、多くの生徒が卒業後の方向性を決定し、進路に向けて活動している時期である。同時に進路のいろいろな悩みや不安を持っている。このような状況の中で、子ども時代の夢を振り返り、仲間からの励ましのメッセージをもらうことは、「将来に向けてよりよく生きること」への勇気づけとなる……（後略）

出典：〔『授業ネットワーク"まなび"特別活動研修会紀要』p.18〕を一部修正

表3●GW演習「子ども時代に抱いた将来の夢を振り返る」の授業展開

	学習活動	指導上の留意点	備考
導入 10分	①参加する教師の自己紹介 ②ワークシート「私の歩み」の配布 ③ねらいと注意事項の説明	・グループごとの着席 ・知られたくないことは記入しないこと、誹謗中傷の題材にしないことの徹底	・ワークシート見本事前配布
展開 30分	①担任の「私の歩み」を掲示 ②作成手順やポイントを説明 ③過去の夢・職業の回想 ④時系列で「私の歩み」作成	・担任の夢（職業選択理由）を時代を追って説明する ・かなえたい夢や就きたい仕事の時期と理由を特定する ・時代順に夢（仕事）と理由を記入させる。	・数名へ質問してから作業
	⑤グループ内で「私の歩み」を順に回覧して熟読 ⑥グループ内の全メンバーへ応援メッセージ記入	・担任がもらった応援メッセージの具体例を挙げ、メッセージで元気が出た理由を説明する	・担任への応援メッセージから、よい例を選んでおく
まとめ 10分	①応援メッセージを読んだ感想を記入 ②ワークシートの回収、その取扱いを説明	・さまざまな現実の中でも、将来に向けて夢を持つことが、いかに前向きになれる（勇気が湧く）ことであるかを話す	

出典：〔『授業ネットワーク"まなび"特別活動研修会紀要』p.19〕を一部修正

す）プログラムを考案した。この実践事例はGW演習プログラムをM高校3年担任のT教諭が自らのホームルーム活動で実践し、その経過と評価を筆者らと検討・報告したものである。

実践授業の概要は**表2**の通り、本時の授業展開は**表3**の通りである。

3　GW演習の成果と課題

このホームルーム活動は7グループ編成、生徒5名に参観教師が1名ずつ加わり1グループ6名で実施された。授業後に収集した生徒の代表的な感想は以下の通りである。

「他の人に自分の夢を知ってもらう機会がなかったので、思ったより楽しかった」
「みんなの考えていることがわかってうれしかった。こういう授業は大切だと思う。またやりたい」
「すごく嬉しいコメントばかりで、これからも夢に向かっていけそうです」
「みんなが優しくて、これからも勉強がんばろうと思った。最近ちょっと色んなことに感傷的になっていたから、すごく嬉しかった。…（中略）…ちょっと元気になれてよかったです」…（『同上紀要』p.21）

また、参観教師からの代表的なコメントは次の通りである。

「流れがスムーズであった。静かな流れなのだが、担任の指示によりよく動いていた」
「自分を他人に理解してもらったという経験をもつことができたのではないか。そのことは、その人によって大きな喜びとなり、また、自分の存在意義を見直す一助となるのではないか」
「自分のこれからの進路を決める上で、自分自身を冷静に分析し、さらに夢でなく、どう現実を切り開いていくかのエネルギーの一部分になる」
「グループのメンバー同士で書いたものを読み、コメントするという作業

も、人間の生き方・考え方を理解する上でたいへんよい試みであると思う」(『同上紀要』pp.21-22)

　M高校の実践も5～6名グループによる1時間程度の共同性の発揮、促進である。活動した生徒や参観教師のコメントからは、過去の足跡の振り返りと互いの応援を通して肯定感・安心感を得るとともに、未来の進路に踏み出す勇気の湧く様相がうかがえる。このGW演習を通して体験するのは、教師を加えた支え合う共同性である。自己洞察と他者理解を深め合いながら高校生のキャリア形成を促す方法の一つと考察できよう。

おわりに

　本書の「子どもたちに委ねる」は、放任的指導とは異なる。特別活動は生徒と教師、生徒同士の共同性から始まる。共同性とは話合い活動や共同作業などを通して他者とつながり、仲間同士の絆をつくることである。ホームルーム活動の中でこのような実践と検証を継続的に行うことを通して、高校生の自主性や実践力がさらに育成されていくのである。

【文献一覧】
　芦村久『授業ネットワーク"まなび"特別活動研修会紀要』2006年
　木内隆生『授業ネットワーク"まなび"中堅校指導充実部会・特別活動研修会研究紀要』東京都教育庁指導部高等学校教育指導課主管事業、2006年
　木内隆生『授業ネットワーク"まなび"授業等改善推進部会・特別活動研修会研究紀要』東京都教育庁指導部高等学校教育指導課主管事業、2007年
　森慎一郎「修学旅行における『シナリオ』の試み」『研究紀要』第19号、東京都立大学附属高等学校紀要編集委員会、2000年
　文部科学省『高等学校学習指導要領解説：特別活動編』海文堂出版、2009年

文部科学省『小学校キャリア教育の手引き〔改訂版〕』教育出版、2011年

第9章 子どもたちに委ねる児童会活動

野澤　晋

はじめに

今日、核家族化と少子高齢化や情報化社会の進展などの社会状況の変化に伴い、子どもたちの生活体験の不足や人間関係の希薄化が指摘されている。また集団生活の中で生起する諸問題の解決能力や規範意識の低下が顕著となってきており、いわゆる小1プロブレムや中1ギャップをはじめ、さらにはいじめや不登校などの直接、間接の原因となっている。

これらの諸問題を受けて、学校教育の目標の中に特別活動を通して、望ましい集団活動で心身の調和のとれた発達と個性の伸長を図る。そして集団の一員としてよりよい生活や人間関係を築こうとする自主的、実践的な態度を育てるとともに、自己の生き方について考えを深め、自己を生かす能力を養うことが挙げられた。

特別活動における「学校行事」や「学級活動」「クラブ活動」はその目的として、集団の一員として協力して諸問題を解決し、よりよい学校づくりに参画しようとする自主的、実践的な態度を養うとともに集団への所属感や連帯感を深めることをねらいとしている。

今日の学校は、教師主導で一方的に指導されるのではなく、学習のさまざまな場面で子どもたち自身が自ら考え、問題を解決していくことが求められる。そのような活動の具体的な条件として

①活動目標を全員でつくり、全員が共通理解している。
②目標を達成するための方法や手立てを全員で考え、話し合い、協力して実践する。
③全員で目標を分かち合ったうえで役割を分担し責任をもって実践する。
④一人ひとりの「思い」や「願い」が尊重される。
⑤全員で連帯感や所属感をもてるようにデザインされた計画。
⑥肯定的なふりかえりによる自由な意見の交換により、互いのよさを認め合う。

などを挙げることができる。

以下、本章では「子どもに委ねる児童会活動」について述べ、その具体

例について紹介していきたい。

第1節　児童会活動とは

　児童会活動は、学校生活の充実と向上のために全児童が参加する組織であり、学校生活の中で生じるさまざまな課題について話し合い、協力して解決し、目標に向かって具体的活動を行う。児童は活動の中で、自ら仕事を自治的かつ自発的に分担して実現する過程で、自主性や社会性を養うとともに児童一人ひとりのよさを育むものである。新学習指導要領では特別活動の中の「児童会活動」の目標と内容が次のように示されている。

　　第6章　特別活動
　第1　目標
　　　望ましい集団活動を通して、心身の調和のとれた発達と個性の伸長を図り、集団の一員としてよりよい生活や人間関係を築こうとする自主的、実践的な態度を育てるとともに、自己の生き方についての考えを深め、自己を生かす能力を養う。
　第2　各活動・学校行事の目標及び内容（抜粋）
　〔児童会活動〕
　1　目標
　　　児童会活動を通して、望ましい人間関係を形成し、集団の一員としてよりよい学校生活づくりに参画し、協力して諸問題を解決しようとする自主的、実践的な態度を育てる。
　2　内容
　　　学校の全児童をもって組織する児童会において、学校生活の充実と向上を図る活動を行うこと。
　（1）児童会の計画や運営
　（2）異年齢集団による交流

(3) 学校行事への協力

　自主的、実践的な態度とは子どもたち一人ひとりが学校の一員として、集団活動の目標を理解して児童会活動に参加し、個々人ができ得る限り協力して、諸問題を解決しようとする実践ができることであると考える。
　集会活動の準備などで自己の考えを発表するなど話し合いに参加したり、運営したりするための役割や責任を果たそうとする行動であるといえる。楽しく豊かな学校生活を目指す活動を通して、自己のよさや可能性に気づかせていくことができる。

第2節　児童会活動の内容

　学習指導要領第6章第2の〔児童会活動〕「2　内容」には学校の全児童をもって組織する児童会において、学校生活の充実と向上を図る活動を行うことと述べられている。

1　児童会の計画や運営

(1) 教師の適切な指導助言の下に行われる児童会活動

　子どもたちの特別活動を計画、実施していくに際して、欠かせない視点は教師の適切な指導と助言であろう。しかも発達段階が低学年から高学年と幅広い発達途上にある子どもたちが、特別活動の中で集団の一員として協力して問題解決を図ったり、人間関係を形成したりする場面では、常に教師が子どもたちに寄り添いながら、子どもたちのふるまいと活動の方向性を確かめ続ける必要がある。
　代表委員会や委員会活動、集会活動などの場で、児童の創造的な発想を生かした新たな取り組みがなされようとするとき、その円滑な運営には指導者の全体を見通した目と適切な介入があることが、いじめなどの問題の予防的観点からも不可欠といえる。

(2) 教師による適切な「指導」や「介入」が必要な場面としては

①活動の企画、計画は安全に組まれているか。安全上の死角はないかをしっかり点検する。

②活動に必要な時間は、準備も入れて十分確保できるか。

③全員の参加が保証されているか。

　活動の場で児童会(高学年)中心になりがちであり、低学年や中学年の参加が保証されるよう留意する。

④地域、保護者への協力依頼があれば失礼のないように仲介する。

⑤準備にもれのないよう、一つ一つの活動の進行を確認する工程管理が必要である。

⑥子どもたちの活動を見守り、肯定的なプラスのストロークを与えてよさを認め励ます。

⑦トラブルの未然防止。「解決指向」を心がけ、問題解決に向けてアドバイスする

2　異年齢集団による交流

　低学年から高学年まで、幅広い発達段階を含んでいる児童会活動という集団特性をよく理解する必要がある。その上でより望ましい異年齢集団活動として、展開できるようにすることが大切である。

　異年齢集団活動を通して、上級生が下級生を思いやり、下級生が上級生にあこがれをもって協力し、信頼し合う望ましい人間関係を形成することができると考える。

　年間計画の中で縦割り活動と呼ばれる異年齢集団による自発的、自治的な活動の場をさまざまな場面で設定することは、高学年のリーダーシップを育て、集団としての活力を高めるには有効である。

　たとえば、楽しく豊かな学校生活を作るための集会として実施される、小集団による学校探検や縦割り給食などが挙げられる。

3　学校行事への協力

　新入生を迎える会や運動会の中の児童会主催プログラム、全学年参加の学習発表会や6年生を送る会などの行事として位置づけられる活動も、進行や役割分担を児童会が引き受けて進めることなどが考えられる。児童会活動と共通に自発的、自治的な活動を特質とする代表委員会、委員会活動や学級活動やクラブ活動とも相互連携、協力を図り、学校全体の集団活動の円滑な運営を心掛けなければならない。

第3節　児童に任せるということ

1　子どもたちに「何を実現させたいのか」を聞いていく

　児童会活動全般を通じ、子どもたち全てにどのような学校にしたいのか、そのためには具体的に何ができるのかを問い続けることは、特別活動を児童に委ねて円滑に進めるために有効である。

　活動を始めるにあたって今できることは何か、解決しなければならない課題は何かを聞いていく。話し合いに時間を費やしてでも、友達みんなが得られるものがあるかを見つめさせたい。場合によると子どもたちは自己中心的な万能感で、すべてを自分たちだけでやり通せると考えているかもしれない。大人の支援や協力が必要ではないのかについて十分考えさせ、話し合わせたい。

　話し合いや活動に行き詰まったりしたときに、適切な支援ができるような教員のかかわりが大切であると考える。「なぜその活動に取り組もうとしたのか」「学校をどうしたかったのか」を、原点に立ち返った問いかけをしていくことで、子どもたちが新たな一歩へとまた踏み出せると考える。

2 具体的な活動の流れ

(1) 運営委員会、代表委員会を立ち上げる

話し合いを通して全校集会や体験活動など、児童会活動の全体の企画や具体的な実施計画を立てる。

次に準備、進行に関する役割分担にあたり、誰にどのような内容の仕事を分担し、どの程度の協力が必要かを決める。その上で子どもたち全体への連絡方法、周知方法を決め実施する。

実施後にはすみやかに振り返りをし、その結果を児童全体で共有できるよう構内の掲示スペースに、コメントや写真などを掲示するのも効果的である。

(2) 年度当初の児童会、運営委員会の役員選出

児童会、運営委員会の役員は高学年の学級から選出する。これらの役割は自治的活動であることを十分理解させ、意欲のある児童を互選で選出する。運営委員は代表委員の中から互選で選出するか、改めて高学年の各学級から別に選出してもよい。

(3) 各種委員会活動を決める活動例

年度当初に各種の委員会を設立しよう。運営委員・代表委員が集まり、自分たちの学校をどのようなものにしていきたいのかについて、子どもたちが自分の「願い」や「思い」を自由に述べる。

(参考として「学校目標」を読み聞かせてもよい) 子どもたちからの学校づくりに寄せる複数の「願い」や「思い」と、実際に行動可能な具体的な委員会活動を考えさせる。

子どもから出た「ごみがひとつもないきれいな学校」や「校舎や道具などがこわれていない学校」などの「願い」や「思い」から、「校舎内外を見回ろう」や「全校児童で目標を決めて掃除しよう」「ごみをなくすポスターを作ろう」などの具体的活動が想起された。

これら複数の「願い」や「思い」が集まると、その思いを行動目標とするような一つの具体的な「委員会活動」が見えてくる。

　教師は複数の「委員会活動」が有機的に関係して、「こんな学校にしたい」という児童の「願い・思い」が実現していくことを伝えた。また活動が重複する部分やカバーされていないところを見つけさせ、解決の方法を考えさせている。

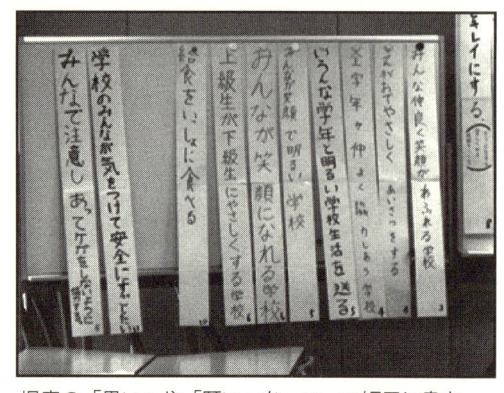

児童の「思い」や「願い」を一つ一つ短冊に書き、集団討議の場で掲示していった。

　全校児童が参加する全校集会で、「委員会」を決めた会議の流れと、出てきた「委員会活動設立案」を発表する。「委員会活動」が「こんな学校にしたい」という児童の「願い・思い」を実現していく具体的手立てとして提案されたことを理解させ協力を呼びかける。

　「委員会活動」が高学年だけの活動ではなく、全校的な働きの一つであることを強調し、また教師からの押しつけの活動でもなく、児童の創意に基づく自主的活動であることを理解させたい。これは実施主体である高学年児童にも、「自分たち自身で望ましい学校を作り上げていく自治的活動を自主的に立ち上げ推進していくのだ」という自覚を促すためである。

　児童が具体的な委員会の仕事を理解し、工夫して活動を発展させていくためにも1年間継続して、同じ委員会に所属し活動することが望ましいと考える。また年間計画の中に定期的な委員会活動の時間を確保し、委員会ごとに活動の実施計画と振り返りを行っていく。

　各委員会活動の中で「活動目標」「年間活動計画」などを策定し活動していく。各種委員会は、たとえば定例朝会などの中で定期的に集会を持ち、全校児童に対して活動計画を伝えたり、報告や活動への協力を呼びかけた

図●児童会活動の組織の例

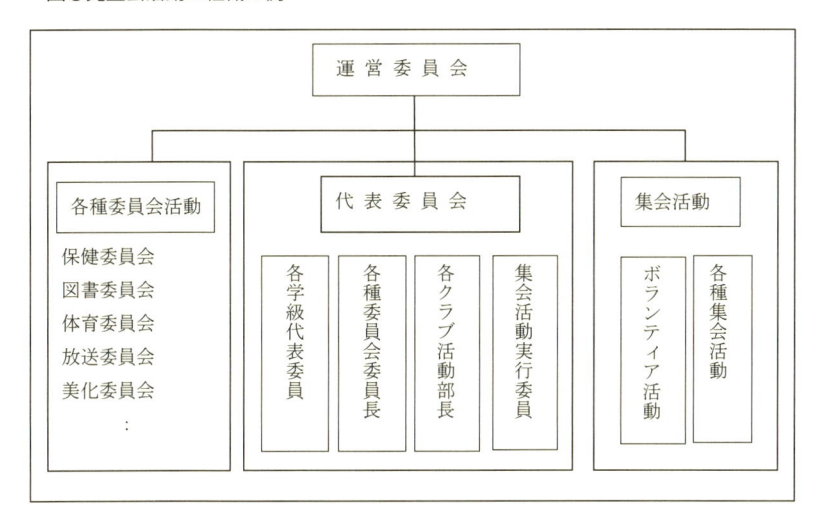

```
                    運営委員会
        ┌──────────────┼──────────────┐
    各種委員会活動      代表委員会        集会活動
    保健委員会      各 各 各 集      ボ 各
    図書委員会      学 種 ク 会      ラ 種
    体育委員会      級 委 ラ 活      ン 集
    放送委員会      代 員 ブ 動      テ 会
    美化委員会      表 会 活 実      ィ 活
       :          委 委 動 行      ア 動
                 員 員 部 委      活
                    長 長 員      動
```

りする。そのことで全校児童に委員会活動の仕事を理解してもらうとともに、全校児童で学校を自主的に創っていくのだという理念を共有させることができると考える**（図）**。

(4) 各種委員会の活動実践の例
〔例1〕飼育・栽培委員会でメダカを増やそう

造成地に創立された学校のため、緑の木々や花が満ちあふれる学校にしたいという願いや思いが強かった。近くには自然河川も池なども全くないため、子どもたちが水辺の小動物と触れ合う機会も望めないものであった。

そこで理科とのからみもあって、「メダカを思い切り増やしたい」という活動に取り組むことにした。当番制をとりながら、メダカの水温管理や器具の清掃方法などの育成スキルを指導した。委員会スタート時に導入したメダカから、4世代数百匹まで続けて繁殖させることができた。

その間、メダカの飼育方法や観察方法などを水槽の周囲に掲示したり、遊びに来る低学年児童に、当番がルーペの使い方や飼育方法などを指導し

ながら異学年交流を図ったりした。
　夏休み前には「飼育委員会の養殖メダカ」として、希望する児童に配布し、大いに自信を深めた。
〔例2〕給食委員会による豆つかみ大会
　奉仕的活動として、給食のワゴンや食器の返却などにあたっている給食委員会から、何か楽しい企画で全校児童とかかわりたいという希望が出された。
　委員会独自の企画として給食委員会が考えたものは、給食のはしを使って生の大豆や小豆を皿から皿に移すという競技であった。低学年から腕に自信のある高学年児童まで、ランチルームに集合してその腕を競い合った。
　日頃、奉仕的活動が中心で大変な作業にあたる給食委員会の児童も、楽しそうに運営に携わることができた。片づけの際に高学年児童に指導を受ける程度で、あまり交流する機会を持てない低学年児童も集会活動を通して、改めて給食委員会のお兄さんお姉さんを意識し、お互いに楽しんで過ごせた時間であったと考える。

(5) 児童会集会活動
〔例1〕学校行事への協力、参加
　運動会のプログラムの中に全校児童が一つになって取り組めるプログラムを入れたいという声が高学年よりあがり、代表委員会で「児童会プログラム」の立案を行う。
　学級案の中から代表委員で討議し「ハワイアンダンス」を決定した。「全学年が楽しく踊れ、学校の特徴が出るものを」という意見が採用され、振り付けを新しく考えることになった。
　代表委員会で振り付けの考案と全校児童への指導は「ダンスクラブ」に委嘱された。ダンスクラブはその活動理念、目的に合致した内容であるので快く引き受け、運動会までの全校練習会も設けた。
　運動会で、グランドの中心ではダンス部員がお手本を踊り、全児童が入り乱れて、保護者や地域の方々も共に参加した踊りの輪がいくつもできた。

〔例2〕ドッジボール大会、大縄大会の開催

　代表委員会で運動的な活動を年間計画に入れたいという意見が出て、さっそく「体育委員会」に計画の立案が任された。

　全学年を低、中、高学年の三つに分けて参加するドッジボール大会を立案し、実行委員も体育委員会が買って出た。

　同様に大縄大会も立案し、これは全学年の自由参加で臨んだ。この会では立案は体育委員会が行い、実施運営は運営委員が当たった。

(6) 縦割り活動

〔例1〕「なかよしのわ」という活動

　運営委員会、学級会などで縦割り班による活動方法や内容の具体的検討を行った結果、校舎内を回るオリエンテーリングに決定した。

　目的の一つは、低学年に学校施設を知ってもらい、緊急時の避難経路を覚えさせたいというものである。一方の大切な目的が年度当初における低学年から高学年児童の親睦・交流である。

　縦割り班がオリエンテーリングで学校内を回るだけでなく、班ごとに遊ぶ時間を設け、メンバー同士の交流を図った。遊びの内容は高学年児童が考え、低学年児童をリードした。低学年児童からは上級生が頼もしい存在として、信頼できるリーダーとして強く印象付けられる活動であった。また上級生の児童自身にも、下級生の手本となる行動を取ろうという自覚が育まれているように見られた。

〔例2〕ランチルームでの縦割り会食

　給食委員会からランチルームを使用して縦割り給食を実施していきたいとの提案があった。計画の立案については給食委員会が行い、毎回の実施については各学年の運営委員と代表委員、給食委員が協力して行うものとなった。

(7) 自治的活動「朝のあいさつ運動」

　地域の方々から、「朝、あいさつをしても子どもたちから返ってこない」「進んであいさつする子が少ない」といった声が寄せられた。代表委

員会で教師がこの話をすると、子どもたちから「朝のあいさつ運動をしたい」という声が挙がった。各学級に持ち帰り「あいさつ運動」について話し合った結果、高学年児童が日時を決め、学級ごとに毎日登校時間に正門に立つことになった。

運営委員が朝会で「子どもからのあいさつや返事が聞こえない」という地域の声を紹介したり、高学年児童があいさつ運動に取り組む活動を全校児童に告知した。

実際に子どもたちから「あいさつをしないと寂しい」「ちゃんとあいさつを返せるようになった」などの感想が得られた。地域からも「積極的にあいさつや返事をしてくれるようになった」などの具体的な変化についての報告を受けることができた。

おわりに

特別活動は、学校生活に対する子どもたちの満足度などと深くかかわっている。特別活動の全体目標は示されているが、内容ごとの目標は示していない。そのため活動を通して具体的に何を育てるのかが明確ではなく、ねらいとする子どもたちの能力の育成にしっかり結びついているか否かは、長期間にわたる教師による子どもたちの「みとり」によるなど、その検証が難しいといえる。

児童会活動を一層充実させ、体験的な人間関係を学習する機会を増やす中で、教師は子どもたちに寄り添いながら、子どもたちが「思い」や「願い」を実現させつつ、望ましい態度を身につけることができるよう「みとり」を確実にしていくことが求められる。

【文献一覧】
文部科学省『小学校学習指導要領解説 特別活動編』東洋館出版社、2008年
日本特別活動学会 監修『キーワードで拓く新しい特別活動：小学校・中学校・高等学校学習指導要領対応〔新訂〕』東洋館出版社、2010年

第10章

子どもたちに委ねる生徒会活動

石井ちかり

はじめに

　生徒会活動は、「学級活動」「学校行事」とともに特別活動を構成する重要な活動であり、生徒の豊かな人間性や社会性を養い、学校生活を充実させる大切な役割を担っている。

　日本特別活動学会研究開発委員会による『特別活動の社会性獲得に関する調査報告書～大学生が認める特別活動の多大な効果～』では、現代の中学校、高等学校では、生徒会活動への参加意欲が低いことが明らかになった。このことから、これからの生徒会活動の課題は、生徒会活動の改善・活性化、とりわけ生徒の生徒会への関心や参加意欲を高めることであるといえる。子どもたちの活動意欲を高揚させるためには、教師から与えられた計画を受け身の立場でこなしていく生徒会活動ではなく、子どもが達成感を味わえるような自発的・自治的活動となるように指導していくことが大切である。

　本章では、「子どもたちに委ねる生徒会活動」について述べ、その具体的な実践例を紹介する。

第1節　生徒会活動の目標、内容および特質

　「学習指導要領」（平成20）では、生徒会活動の目標および内容は次のように示されている。

　　1　目標
　　　生徒会活動を通して、望ましい人間関係を形成し、集団や社会の一員としてよりよい学校生活づくりに参画し、協力して諸問題を解決しようとする自主的、実践的な態度を育てる。
　　2　内容
　　　学校の全生徒をもって組織する生徒会において、学校生活の充実と向上を図る活動を行うこと。

（1）　生徒会の計画や運営
　（2）　異年齢集団による交流
　（3）　生徒の諸活動についての連絡調整
　（4）　学校行事への協力
　（5）　ボランティア活動などの社会参加

であるが、この目標と内容を元に、「子どもたちに委ねる生徒会活動」とはどのような活動を指すのかについて、次の3点に絞って検討する。

　まず、内容にある「学校の全生徒をもって組織する生徒会」に注目してみよう。これは活動の主役は生徒会を構成する生徒一人ひとりであり、一握りの役員生徒の独占的な活躍の場ではない、ということを明記しているといえよう。従って、教師は、そうした点に留意して、役員の生徒と役員以外の生徒との間に良好な関係性が構築できるように指導する必要がある。

　次に、目標にある「望ましい関係の形成」と「集団の一員としての自覚」に注目する。前者については、背景に望ましい人間関係を築く力が不十分な子どもたちが増えてきたことがあると考えられる。従ってこうした現状を打開する意味でも、生徒会活動を活発化させることには大きな意義がある。それは平素の学級活動では固定化されてしまう他者の視線から解放されるので、それまでに発揮できなかった生徒の良さを開くことが可能になると考えられるからである。

　3点目として、目標の後半部分に着目してみよう。「協力して諸問題を解決しようとする自主的、実践的な態度を育てる」というくだりである。生徒会は教師の下請けを生徒にさせる活動ではない。生徒自らが課題を発見し、相互に協力しながら全員でその解決に取り組む、生徒のための自治的活動である。全生徒に学校や学級における生活上の問題に対する課題意識を持たせ、活動への参加意欲を高めることが何より大切である。生徒会活動における学級とは異なる関係性の中でこそ、より高いレベルでの「課題解決集団」づくりの可能性が開かれると思われる。

第2節 自発的・自治的活動

1 教師の適切な指導の下での自発的、自治的活動

「中学校学習指導要領」では、生徒会活動の「目標及び内容」に続いて「第3　指導計画と内容の取り扱い」の中で、その配慮事項として次のことを挙げている。

> 〔学級活動〕及び〔生徒会活動〕の指導については、指導内容の特質に応じて、教師の適切な指導の下に、生徒の自発的、自治的な活動が効果的に展開されるようにするとともに、内容相互の関連を図るよう工夫すること。また、よりよい生活を築くために集団としての意見をまとめるなどの話合い活動や自分たちできまりをつくって守る活動、人間関係を形成する力を養う活動などを充実するよう工夫すること。

ここに「教師の適切な指導の下に、生徒の自発的、自治的な活動が効果的に展開されるようにする」とあるように、生徒会は全てを生徒に任せる活動ではなく、教師の適切な指導の下に「自発的な、自治的活動」が展開されなければならない。全てを生徒に丸投げする「放任」では、生徒会活動本来の目標から逸脱してしまう危険性があり、そこには教師の適切な指導が不可欠となってくる。教師は、常に生徒の活動を見守り、必要に応じて情報を提供し、生徒が主体的に判断できるように援助していくべきである。そして、その指導のあり方は担当の職員が承知しているだけでなく、学校全体のプロジェクトとして、全教職員の協力が大切になってくる。

2 リーダーシップの育成

自発的、自治的な活動を活発に行うためには、その推進力となるリーダーシップの育成が重要となる。

集団としての意見をまとめるためには、集団の成員に方針を周知するとともに、集団全体の意見を吸い上げなければならない。そうした話し合い活動を進めていくためには、小学校での学級活動や児童会活動における話し合い活動の経験を生かすとともに、担当の教員の指導の下、生徒会役員や各種の委員会の委員長等がリーダーシップを十分発揮して、話し合いの準備を進める必要がある。そのため、生徒会のリーダー研修会や会議運営の講習会等を計画的に実施していくことも考えられる。(『中学校学習指導要領解説：特別活動編』)

　異年齢集団とのつき合いが少なくなった現代の子どもを、そのまま放っておいたのでは、昔の子どもなら自然に身についたリーダーシップや対人関係のスキルは育たない。こうした状況の中で子どもたちにリーダーシップを身につけさせるためには、特別活動をはじめとした比較的自由に構成できる時間を活用して、生徒がコミュニケーションやふれあいを体験する場面を意図的に導入することが大切である。これは時代の要請でもあり学校の重要な課題でもある。
　三隅(1984)はリーダーシップを、特定の集団成員が集団の課題解決ないし目標達成機能(P機能)と、集団過程維持機能(M機能)に関して、他の集団成員よりも、これらの集団機能により著しい何らかの継続的な、かつ積極的影響を与えるその集団成員の役割行動としている。生徒の中には、P機能を発揮することが得意な子や、M機能を発揮するのが得意な子がいる。生徒会活動を通して、さらにその資質を伸ばすと同時に、生徒会活動のさまざまな役割を経験させることで、PMどちらの機能も伸ばしていけるようにしたい。今現在、その子にどのような役割を与えたら、その子はどのように成長し、また周囲の子どもたちも高まっていけるか、その関係性を教師は洞察し、指導力を発揮していく必要がある。
　リーダーシップは他者に対するプラスの影響力である。したがってリーダーシップは、一部の生徒だけでなく、全ての生徒に育成したい力である。生徒会活動は、全ての生徒にリーダーシップにかかわる資質・能力・意欲

を育む機会となるべきであると考える。

第3節　生徒会活動の組織・計画・評価

　生徒会の組織は各学校さまざまであるが、おおむね次のような組織から成り立っている。
　①中央委員会：生徒総会に次ぐ審議機関で生徒総会に提出する議案や学級や各種の委員会から出される諸問題の審議、学級活動や部活動に関する連絡調整など、生徒会活動の計画審議にあたる。
　②各種の委員会：専門委員会、常置委員会などとも呼ばれる。校内のさまざまな業務を分担し、生徒会活動の実践活動を推進する役割を担っている。常設の委員会の他に、選挙管理委員会や行事委員会など特別委員会が設置される。
　③生徒会役員会（執行部あるいは事務局、本部）：さまざまな委員会の連絡調整を努め、全体の運営を支える。
　④生徒総会：全生徒によって構成される最高審議機関である。
　これらの組織は、それぞれがその役割を担い、お互いに認め合い、支え合う構造であることが大切であり、決してトップダウンの官僚制的な機構として作られるべきではない。そして、各組織が有機的に関連しながら活動できるように、そのシステムを各学校で工夫していかなければならない。
　そのために重視すべきものが、指導者が作成する指導計画、生徒が主体となって作成する活動計画、及び生徒と指導者が一体となって実施する評価である。

1　指導計画の作成

　生徒会活動の授業時数には法的な規定がなく、各学校の裁量に任されているが、自発的、自治的な活動が積極的に展開されるためには、第一に、活動に必要な場や機会を年間を通じて計画的に確保する必要がある。しか

し、多くの学校の生徒会活動は、月1回程度の委員会活動、年2、3回の生徒総会の時間しか確保できていないのが現状である。この限られた時間で、しかも普段とは異なる人間関係の中で展開する生徒会活動を有意義なものにするためには、教師は周到な準備と適切な配慮をしなければならない。また、生徒会活動だけを単独で切り離して考えるのではなく、他の特別活動との関連を図って、学校の年間計画の中に位置付けていくことも必要である。たとえば、「生徒総会」や「生徒会役員選挙」「新入生を迎える会」や「卒業生を送る会」などの生徒会の行事は、その準備の時間も含め、学級活動や学校行事などとの関連も図り、学校の年間計画の中に位置付けたり、「中央委員会（生徒評議会など）」や「各種の委員会」の活動については、学級活動との関連を図り、その活動内容を発表したり、学級で話し合いができる機会を持てるようなカリキュラムづくりをしたりするなどの工夫が考えられる。さらに、学校生活の充実や改善・向上を図るための活動としての生徒集会やボランティア活動などについても、学校の創意を生かし内容相互の関連を図るような工夫が大切である。

2　活動計画

　生徒の自発的、自治的な活動を活発化できるか否かは、活動計画立案に当たって指導者がどのような指導や援助ができるかにある。指導計画が先行しすぎると、子どもたちは「やらされている」という受動的な気持ちになり、意欲は低下してしまう。指導者は生徒の実態を踏まえ、指導のねらいをしっかりと持ちながら、生徒たちの願いや希望を生かして、活動計画が作成できるように指導助言することが大切である。生徒たちにPDCAサイクル（自ら計画、実践、振り返り、改善）の実践力が身についたと実感でき、達成感や成就感が持てるように指導・助言していく必要がある。

3　生徒会活動の評価

　評価については、生徒一人ひとりの良さや可能性を生かし、自ら学び自ら考える力や、自らを律しつつ、他人と共に協調できる豊かな人間性や社

会性など「生きる力」を育成するという視点から評価活動を進めていくことが大切である。そのためには、活動の結果や成果にのみ注目するのではなく、活動の過程における関心・意欲・態度の変化に目を向けることが重要である。

第4節 生徒会活動の実践例

「日常の生徒指導のあり方に関する調査研究」(平成3年3月20日　全日本中学校長会・全国高等学校長協会)によると、校則の見直しに当たり、生徒が生徒会活動などで主体的に考えて校則が決定された場合は、生徒のきまりに対する意識が高まり、自主的に校則を守ろうとする生徒の割合が増加したと報告されている。

次に生徒が自分たちの身近な問題を主体的に考え、生徒会活動で取り組み、成果が見られた具体例を紹介する。

1 〔例1〕あいさつ運動(S中学校)

新生徒会執行部が立ち上がり、初めての執行部の会議で理想の学校像として「あいさつがいっぱいの学校」が挙がった。そこで、本部役員が校門に立ち「あいさつ運動」を行った。数カ月後の執行部の会議で、「あいさつ運動」の成果を振り返り、あいさつをしても返ってこないなど、成果があまり感じられないことが分かった。そこで、教師が方法を変えることを提案し、どうしたらよいかを考えさせた。その結果、中央委員会に「あいさついっぱいの学校にするために」という議題を出すことにした。中央委員会では、それぞれの委員会で自分たちにできることを話し合うことを決定した。この決定は、全職員にも伝えられ、次の各種委員会では、全職員がその話し合いの指導に当たることになった。

その結果、各学年委員会では、各学年の昇降口でのあいさつ運動を行うことを決定し、実践した。広報委員会では、あいさつに関するポスター掲

示の活動を行った。放送委員会では、昼の放送で呼びかけることになり、毎日あいさつの意義などについて放送した。給食委員会では、各クラスで「いただきます」をしっかり言えるように呼びかけることになった。美化委員会では、掃除の始めと終わりに、班ごとに礼をきちんとすることを呼びかけることになった。

このように裾野を広げた活動を展開することにより、学校全体があいさつに対する意識を高めることができ、評価アンケートの結果からも、あいさつができたと感じた生徒が活動前より増加したことが分かり、成果が上がった活動となった。

2 〔例2〕校則について考える（I中学校）

生徒総会前の学級会では、総会で議題にしてほしいことはないか、学級委員を中心に、クラスで話し合いが行われる。そこで、あるクラスから「学校への水筒の持ち込みを許可してほしい」という要望が出された。それを、中央委員会で提案したところ、各クラスでそのことについて、話し合うことになった。職員会議では、この議題は、生徒にとって身近なことなので、話し合い活動や自治的な活動を経験させるには良い題材であろうということになり、各クラスで教師がサポートしながら、学級委員中心に話し合いをすることになった。どのクラスも、水筒を持ち込むことのメリットとデメリットを十分に話し合い、各学級委員が、その話し合いの内容を中央委員会で発表した。そして、中央委員会で原案をつくり、生徒総会で提案された。このときの生徒総会は、生徒の参加意識がとても高く、集中して提案を聴き、真剣に投票していた。

その後、この学校では、「制服の着方について」や「コートの色について」なども、同様の手続きで、生徒総会の議題となり、学級での話し合い活動が活発に行われた。生徒から議題が出るたびに、職員会議でも論議され、教師の指導、援助についての共通理解が図られ、教師と生徒が対立しないように調整しながらの取り組みが行われた。そして、総会で決まった規則については、生徒の順守していこうとする意識が高く、すでに決めら

れていた他の校則よりきちんと守られるようになった。

3 〔例3〕傘の盗難を防ぐ取り組み（E中学校）

　E中学校では、傘の盗難が頻発し、この状態を改善しようと生徒会が立ち上がり、それぞれの各種委員会で具体的な取り組みを話し合い、実践した。通学委員会では、全校生徒に呼びかけて、自分の傘に名前を書いてもらったり、翌日の傘の必要度を天気予報を見て知らせたりした。整備委員会では、持参した傘が壊れた場合に、傘の修復サービスを行った。奉仕委員会では、放置傘を集めて貸し出し用の傘を準備し、急に雨が降ってきたときは、校内放送で貸し出しをアナウンスした。このような各種委員会間の連携がとれた主体的、創造的な取り組みにより、E中学校は、傘の盗難をなくすことに成功した。

4 〔例4〕生徒参画型グループ・エンカウンターの取り組み（Ｉ中学校）

　生徒会組織の中に各クラスの学級委員で構成されている学年委員会がある。学年委員会の役割の一つは、その学年の課題を自治的な力で解決し、望ましい学年集団を形成することである。Ｉ中学校の1学年委員会では、年度当初に活動目標として「すばらしい仲間作り」を掲げた。担当教師と生徒で、どんな取り組みをしたら、仲間はずれがなく、お互いに気軽に話し合える学年にすることができるかを話し合った。そして、生徒が構成的グループ・エンカウンター（Structured Group Encounter；以下SGE）のリーダーになる生徒参画型グループ・エンカウンター（Student Participation Group Encounter；以下SPGE）を定期的に実施することを決めた。学年の職員も、毎月1回、学活の時間を、学年委員主催の仲間作りの時間に充てることとし、支援態勢が整備された。学年委員の子どもたちに、SGEのエクササイズをいくつも体験させた後、自分たちの学年の課題を解決するためには、どのようなエクササイズを行ったらよいか、話し合いを行った。

　採用されたエクササイズは、クラスごとに、クラスの状況に合わせ、アレンジを加え、実施された。夏休みには、自分たちのオリジナルのエクサ

サイズをつくり、夏休み明けに実施することもできた。SPGE実施後は、学年委員会を開き、振り返りを行った。振り返りでは、どのようにしたら、クラスのメンバーが話を聴いてくれるか、積極的に活動参加してくれるかなど、リーダーシップについての話し合いが行われたり、クラスの新たな課題なども出されたりした。

　こうした振り返りは、次の活動に生かすことができ、学年委員の生徒たちのリーダーシップはSPGEの回を重ねるたびに、向上していった。また、SPGEのリーダーを3人チーム（リーダーチーム）で行ったことにより、お互いのリーダーシップの弱い機能を補い合って、個人の持ち味が生かされていたようであった。

　SPGEプログラムに取り組むことにより高まった学年委員のリーダーシップ行動は、日常生活に般化され、その後に実施された合唱コンクールへの取り組みでは、どのクラスでも、生徒が中心となって自主的に練習し、ひいては学級の係活動も活発に行えるようになった。つまり、学年委員のリーダーシップを他の生徒が模倣するようになり、自然と学級集団全体が自治的活動を行うようになったわけである。

　また、このSPGEプログラムは、学年委員会担当教師の指導の下で、役員の生徒が活動の計画を立て、各担任教師の指導の下で、生徒自身が中心となって、全生徒が実践する活動であった。したがって、「教師の適切な指導の下での生徒による自主的、実践的な活動」を踏まえた活動であったと言える。

おわりに

　近年、都市化、少子高齢化、地域社会における人間関係の希薄化が進む中で、家庭や地域社会において社会性を身につける場が減少している。また、情報化の進展により、間接体験や疑似体験が膨らむ一方、望ましい人間関係を築く力などの社会性が身につけにくくなっている。このことを踏まえて、生徒会活動の中で、集団活動や体験的な活動を一層充実させ、人間関係を学習する機会を増やすことが期待されている。

生徒会活動を活性化するためには、職員の有機的な指導体制の中で、「活動を生徒に委ねる」ことが大切だと考える。全職員が生徒会活動について正しく認識し、共通理解の下で、生徒の自発的・自治的な活動「子どもたちに委ねる生徒会活動」が展開されるよう、協力体制を確立していかなければならない。

【文献一覧】

相原次男・新富康央・南本長穂『新しい時代の特別活動：個が生きる集団活動を創造する』(シリーズ現代の教職) ミネルヴァ書房、2010年

伊東毅『未来の教師におくる特別活動論』武蔵野美術大学出版局、2011年

熊本大学教育学部附属中学校『リーダーシップと自己教育力：特別活動・道徳の授業実践』明治図書出版、1996年

柴田義松・宇田川宏・福島脩美監修『［中学生］みんなで生き方を考える道徳1』日本標準、2008年

日本特別活動学会研究開発委員会『特別活動の社会性獲得に関する調査報告書～大学生が認める特別活動の多大な効果～』2011年

原清治・檜垣公明『深く考え、実践する特別活動の創造：自己理解と他者理解の深まりを通して』学文社、2009年

原清治編著『特別活動の探求』学文社、2007年

三隅二不二『リーダーシップ行動の科学〔改訂版〕』有斐閣、1984年

文部科学省『中学校学習指導要領解説：特別活動編』ぎょうせい、2008年

山口五郎・松下静男・羽生隆英・原政治『特別活動の理論と実践〔新訂3版〕』学文社、2002年

第11章

子どもたちに委ねるクラブ活動

佐野　泉

はじめに

「小学校のクラブ活動は楽しい思い出」「教科から離れた至福の時」。これは、現在大学に在学中の1年生と2年生130名に、小学校のクラブ活動について尋ねたものへの回答である。何が楽しく、至福の時と感じたのかについては、自分の興味関心をもとに、自由に活動できたことを挙げる学生が大半を占める。

本章では、小学校卒業後10年近く経っても、このように印象深い学校教育としてのクラブ活動の考え方や指導のあり方について、実態を織り交ぜながら述べていく。

第1節 学校教育におけるクラブ活動

1 クラブ活動とは

クラブ活動は、現行では小学校にのみ存続し、主として第4学年以上の児童で組織され、学年や学級が異なる同好の児童の集団によって行われる活動である。

クラブ活動の目標は、学習指導要領第6章第2「各活動・学校行事の目標及び内容」の〔クラブ活動〕の「1.目標」で次のように示されている

> クラブ活動を通して、望ましい人間関係を形成し、個性の伸長を図り、集団の一員として協力してよりよいクラブづくりに参画しようとする自主的、実践的な態度を育てる。(『小学校学習指導要領解説：特別活動編』p.76)

これは、児童自身が、次のことを意識しながら活動し、自主的・実践的な態度を育成することを目標としている。

それは、共通の興味・関心を追及するために目標を持ち、クラブの一員

として寄与するための役割や責任を果たすこと、自己をよりよく生かして活動すること、であり、同好の仲間と協力して活動したり、集団の一員としての自己の生き方について、考えを深めたりすることにある。

さらに、2008年の学習指導要領改定では、内容を明確にして活動の充実を図るために、新たに三つの内容を示している。

2　クラブ活動三つの内容

クラブ活動の内容について、学習指導要領第4章第2「各活動・学校行事の目標及び内容」の〔クラブ活動〕の「2.内容」では、内容を明確にし、活動の充実を図るために、以下に示す三つの内容を明記している(『小学校学習指導要領解説：特別活動編』pp.77-79)。

(1) クラブの計画や運営

児童が教師の適切な指導の下に、自発的・自治的な活動としてクラブ活動を展開するためには、教師が作成した指導計画に基づき、児童が年間や学期、月ごとなどの活動計画を立て、そのクラブに参加する異年齢の児童で役割を分担し、協力して運営にあたるようにする必要がある。

児童の自発的・自治的な活動を推奨するための教師の適切な指導とは、あくまでも児童主体で活動運営されるクラブにおいては、児童が必要としたときに、広く豊かな視野からのその場に応じた適切な指導助言を指すものであり、側面援助が望ましい。

たとえば、年間の指導計画を作成する場面を想定してみよう。4月当初各自が活動計画を作成する際、児童はやりたいことの全てを計画に盛り込もうとする傾向がある。児童の発達段階を考慮すると、小学校では、達成感につながる成功体験を味わわせることが大切であることから、実行可能性を高めるための絞り込みを行うという提案が必要となる。この提案を、他の児童から経験を語らせるなどの配慮をすることで、児童同士の自治的かつ自発的な活動へ導き、問題を解決させる方法を取り入れることも考えられる。このようなことが、教師による児童への側面援助としての指導と考えられる。年間計画表などの具体例は、第4節で示している。

（2）クラブを楽しむ活動

　クラブを楽しむためには、そのクラブに所属する異年齢の児童が仲良く協力し、創意工夫しながら自発的・自治的に共通の興味・関心を追及することを楽しむことが重要である。そのために、担当教師は、児童一人ひとりが興味・関心をより深く追及していく喜びや計画の実現による満足感、学級や学年が異なる仲間と協力して、活動を進めることができた喜びなどが実感できるように配慮する。また、話し合いにより作った独自の決まりを守りつつ、役割を交代して誰もが楽しむことができるようにする。

　具体的には、自分自身の興味・関心を、活動を通してより深く追及していく喜びであり、計画したことが実現していく満足感、学級や学年が異なる仲間と協力して、活動をすることができた喜びの実感などを得ることが、児童一人ひとりがクラブを楽しむ活動になると考える。

（3）クラブの成果の発表

　児童が、共通の興味・関心を追及してきた成果を発表する場を設け、達成感を味わわせるという試みである。

　成果発表の場やその方法についてはクラブ成員の発意や発想により計画実施される必要がある。クラブ成果発表の機会としては、たとえば運動会や音楽祭などの学校行事や、児童会・全校集会などの場での発表、校内放送や定期的な展示などによる日常の発表、年度最終段階での、活動のまとめとして行う展示や映像、実演などの方法による発表が考えられる。また、展示会場や発表の場を、学校外に広げて行うことも有効である。

　以上三つの内容は、相互に有機的な関連をもち、一体となって行われ、常に児童の理解に基づく指導助言が必要である。

　次節では、このような考え方のもと実施されているクラブ活動が、いつごろどのような目的で実施されるようになり、どのような変遷を経て今日に至っているのかについて触れる。

第2節　戦後におけるクラブ活動の歴史的変遷

1　「自由研究」とクラブ活動（1947・1951年）

　日本におけるクラブ活動の前身は、1947年版学習指導要領に登場した自由研究であると言える。自由研究は教科の発展として登場したが、その内容の「クラブ組織による活動」が、今日のクラブ活動に相当すると考えられる。学習指導要領に学校の教師が指導すると明記されている点が現在との相違点である。この段階では教育課程外活動としての取り扱いであった。

　その後、1951（昭和26）年の学習指導要領改訂において、「自由研究」は、小学校では「教科以外の教育活動」、中・高等学校では「特別教育活動」として教育課程の中に位置づけられた。特別教育活動の領域は四つあり、そのうちの一つの「よい公民としての資質を養うため」に設置されたのがクラブ活動であった。

　クラブ活動の記述としては、中学校の学習指導要領で「クラブ活動は当然生徒の団体意識を高め、やがてはそれが社会意識となり、よい公民としての資質を養うことになる。また、秩序を維持し、責任を遂行し、自己の権利を主張し、いっそう進歩的な社会をつくる能力を養うこともできる。」と記述され、生徒たちの将来の可能性に対するクラブ活動の影響についてもふれている。また高等学校の学習指導要領では、「週あたり、少なくとも1単位時間を取ることが望ましい」と時間数が具体的に示された（『学習指導要領…』1947年、1951年）。

2　学校教育法施行規則改正とクラブ活動（1958年）

　1958（昭和33）年に教育課程に関する学校教育法施行規則が改正され、小・中学校の教育課程は、教科・道徳・特別教育活動・学校行事の四領域に編成され、高等学校の教育課程は、道徳を除く三領域に区分された。学習指導要領では、それまで特別教育活動に関するものは試案であったが、

告示として公布され、法的拘束力を持つようになった。特別教育活動の指導上の留意点は「児童・生徒の自発的な活動を通して個性の伸長を図る」こと、自主性を重んじ集団の中で個性を育てる今日の方向性は、この時期から始まっていると考えられる。中学校の学習指導要領では、クラブ活動の全員参加を奨励し、各学校の裁量でクラブ活動をするように指示している(『中学校学習指導要領』)。

3　クラブ活動必修化と部活動（1968 ～ 1978年）

　1968（昭和43）年から1970（昭和45）年での学習指導要領の改訂では、学校行事と特別活動の2領域が統合され、小・中学では「特別活動」、高等学校では「各教科以外の教育活動」となった。この年の改訂では、小学校学習指導要領で、「クラブは、主として第4学年以上の同好の児童をもって組織し、共通の興味・関心を追求する活動を行うものとする。」「クラブ活動には、毎週1単位時間を充てることが望ましい。」とされ、小学校4年生以上のクラブ必修化がスタートした。中学校学習指導要領においては、「クラブ活動に充てる授業時数については、選択教科などに充てる授業時数の運用、1単位時間の定め方などによって、毎週、適切な時間を確保するように配慮すること。」また高等学校学習指導要領では、「全生徒がいずれかのクラブに所属するものとすること。」と記され、生徒が毎週1時間の活動を行う全員参加の「必修クラブ」が設置された。それに伴い今まで生徒が自主的に組織していたクラブ活動は、主に放課後に実施され、教育課程外の「課外クラブ」として分けられた。この「課外クラブ」が、現在の部活動であり、その後クラブ活動と部活動が併存することとなる（『小学校学習指導要領』1968年、『高等学校学習指導要領』1970年）。

　1978年の学習指導要領改訂では、個性の伸長に加えて、社会性や実践力を育むことを目標に掲げた。クラブ活動および部活動に関する記述として、「学校においては、特別活動との関連を十分に考慮して文化部や運動部などの活動が活発に実施されるようにするものとすること。」という文言が付加され、初めて教育課程外の部活動について、学習指導要領に記載され

た（『高等学校学習指導要領』1978年）。

4 クラブ活動と部活動の関係性

1989（平成元）年の学習指導要領改訂では、「学級活動」が新設され、特別活動は、学級活動・クラブ活動・学校行事・生徒会活動の4領域で構成されるようになった。中学校および高等学校の学習指導要領では、「クラブ活動については、学校や生徒の実態に応じて実施の形態や方法などを適切に工夫するよう配慮するものとする。なお、部活動に参加する生徒については、当該部活動への参加によりクラブ活動を履修した場合と同様の成果があると認められるときは、部活動への参加をもってクラブ活動の一部又は全部の履修に替えることができるものとする。」とされ、教育課程外の部活動の参加をもって、教育課程内のクラブ活動の履修に代替できることが示された。

1998年（『高等学校学習指導要領』1999年）の学習指導要領改訂では、中学校・高等学校において「クラブ活動」が廃止された（『中学校学習指導要領』1998年、『高等学校学習指導要領』1999年）。そして、2008年（高等学校は2009年）の学習指導要領改訂では、「生きる力」をキーワードとして、異年齢集団との活動を通して社会における人間関係を築く力・話し合いを通して集団の中で個性を磨く表現力・積極的に活動に参加する自主性を重視することを求めている（『小学校学習指導要領解説：特別活動編』p.77）。

以上の経緯があり、今日に至っている。

5 クラブ活動と部活動の違い

クラブ活動は全員参加であり、教育課程内の活動として時間割に組み込まれるが、部活動は任意参加の活動であり教育課程外の活動であるから、活動は朝や放課後などを利用して実施されている。また、クラブ活動は学校などに対して公益性が要求されず、自発的な学習や互助が目的の中心とされているが、部活動はたとえばコンクールや大会に参加し、成果を上げるなど何らかの意味で学校などに対して公益的な活動を要求されている。

小学校の場合、部活動は「特別クラブ」「課外クラブ」「特設クラブ」などと呼ばれていることが多い。実際には、部活動に相当する活動では、運動系と音楽系が行われている（筆者調査）。

　クラブ活動は、時数の取り扱いを含め、実施自体が学校裁量で執り行われているため、現在学習指導要領に明記されてはいるものの、中には、小学校でも部活動のみ実施またはクラブ活動も部活動もともに実施していない学校もある。また、逆に学習指導要領では削除されたが、一部の中学校では現在もクラブ活動を実施している（筆者調査）。

第3節　クラブ活動実施状況

　ここでは、冒頭で紹介した学生130名へのアンケート結果、および全国小学校の中で、インターネットにホームページをアップし、クラブ活動について明記している国・公・私立小学校約300校を対象として検討した結果を示す。

1　クラブ活動の種類

　現在行われているクラブの種類は、次に示すとおりである（**表1**）。

　全校児童数25～60名の小規模校では、具体的なクラブ名は示さず、「運動クラブ」「文化クラブ」とし、1年を前半と後半に分けて毎年4年生以上の児童全員に両方とも経験させる学校もある。内容は、毎回、または月ごとに変更するなどして、複数のものに触れさせる方法をとっているところが多く、特に運動クラブについては実施するものを屋外用と屋内用とに分け、年ごとに2～3種類のものに絞り、天候に合わせて実施しているところもあった。なお、部活動を併設している学校は、野球部・サッカー部・バスケットボール部・器楽部・合唱部を部活動とし、その他をクラブ活動として開設している場合が多かった。

2　クラブ活動設置方法

クラブ活動には全員参加が基本姿勢としてあり、参加するのは、学生へのアンケートでは85％が、調査では95％が4年生からであった。

クラブ活動設置方法で最も多かったのは、まず担当教員が種類を選択し、その中から事前に児童の希望を調査するというものであった。この場合は、児童にクラブの種類を検討する機会はない。

児童がクラブの種類を検討する機会を与えている場合として、①ある程度教師が提示し、それ以外に新設したいクラブがある場合は児童がそれを提示し、担当教員が審議したうえで可能であれば新設、②ある程度クラブの種類を教師が提示するが、その年に実施する種類を決定するのは児童、③クラブの種類を決定するのは全て児童、の3種類があった。③の方法を取り入れている学校の中には、クラブの種類を決定した後、担当教員の依頼、その年のクラブ設定など全てを児童に任せているところもあった。

表1●クラブ活動の種類　　（筆者作成）

	運動系	文系
大半の小学校で実施されているもの	バドミントン・卓球・バスケットボール・ドッジボール・サッカー・陸上（半数が水泳を含む）・昔遊び・ダンス	調理料理・手芸・工作関係・科学的活動・囲碁将棋・パソコン関係・漫画イラスト・音楽（器楽）
半数ほどの小学校で実施されているもの	バレーボール・テニス・ソフトボール・野球・バトン・一輪車・縄跳び（大縄含む）	昔遊び・陶芸・折り紙・絵手紙・華道・茶道・書道・百人一首・演劇・室内ゲーム
特徴的な活動（地域の伝統行事導入など）	合気道・剣道・フラッグフットボール・アウトドア・獅子舞・グランドゴルフ・バド＆バレー・カヌー・フラダンス・薙刀・フィットネス・ドッチビー・クロスカントリー・ローラーホッケー・ラグビー・ゲートボール	和太鼓・チャング・ガーデニング・ボランテイア・三味線・バルーンアート・タイル工芸・お囃子・手話・漢字検定・レザークラフト・琴・詩吟・消しゴムハンコ・落語・裂き織物・ハンドベル・水墨画・加治屋金属アート・ルービックキューブ・語学・方言・鉄道研究・からくり工作・ディスコン・写真・栽培

なお、担当教員は、その小学校に勤務している全ての教職員が当たっている場合が大半を占め、たとえば伝統芸能や特殊な技術を伴うなど、活動の内容によってはボランティアとして地域の方や専門的に携わっている人を要請してクラブ実施を実現させているところもあった。

また入部方法は、希望調査を実施した後、(ア)希望数のいかんによらず全て希望通りに入部させている場合と、(イ)希望が殺到したクラブは先生が調整する場合、(ウ)児童は第3希望まで記述し、その後再調整する場合、があった。最も多かったのは(イ)の方法であり、(ア)は少数であった。

3　クラブ活動運営方法

まず、毎年学年末の2月に翌年からクラブに参加する児童に見学をさせ、2項で示した設置方法のいずれかにて具体的にクラブ参加を決定している。計画は、大筋を担当教員が示し、回ごと、または月ごとの具体的な活動内容については児童一人ひとりが作成し、計画に沿って実施しているところが大半であった。

クラブ活動内での人間関係は、児童・教員とも上下関係がなく、自由に意見交換している場合が調査対象の3分の2、を占めていたが、中には児童には学年に応じた上下関係があり、各学年ごとに活動しているため、学年を超えた交流がない場合もあった。

一年間の全体計画では、いずれも年度中または年度末にクラブ発表会を設けており、それをクラブ見学会に充てている学校が多かった。

第4節　これからのクラブ活動

児童が参画し、作り上げていくクラブ活動にするためには、児童一人ひとりが自発的自治的に活動を推進していくことが大切である。

そうしたことを実現させていくための、教師の姿勢や指導のあり方、活動の流れなどについて、具体例を提示しながら説明していく。

1 クラブ活動指導計画と運営

　児童が参画するクラブ活動をどのように運営していくかについて考える。
　クラブ活動にかかわる教師は、その学校に勤務する教職員全員であることが前提となる。その上で、事前に年間の活動について三つの内容が織り込まれるよう考慮しながら大筋を作っておく。具体的なクラブ活動の計画や運営については各学校の児童の実態に即して、明らかにし、教職員以外のボランティア体制やクラブ成果の発表の方法および場などを具体的に明記しておく。連絡調整はクラブ担当者が行う。その上で、児童が「クラブ活動を楽しむ」とはどのようなことかを検討していく。
　一例としてクラブ設置方法を取り上げる。
　クラブを設置する際には次のような手順を踏み、計画から実行、決定までをその年のクラブ長が役割分担をし、当該学年の学級担任と連携しながら執り行う。

① 前年度までの活動を参考資料として提示し、児童が設置したいと考えるクラブについてのアンケート調査を実施する。

② アンケートの集計をし、設置希望クラブ名と参加希望者人数を該当学年に提示する。その際、クラブ設置規定（参加人数の上限と下限・一クラブの参加学年など）を提示し、基準を満たさないクラブ設置は見合わせることを明記する。また、この時点で極端に人数が殺到しているクラブについては活動が制限される可能性があることなどを知らせ、希望変更検討を促す。

③ 新設クラブまたは第1回目の調査で既定の人数に満たなかったクラブへの入部希望者は、決められた日時までに、人数が規定を満たした段階でクラブ担当者にその旨連絡をする。

④ 再度アンケート調査を実施する。

⑤ 設置クラブを決定したうえで該当学年に提示し、参加希望クラブのアンケート調査を実施する。

⑥ 決定事項を該当学年に提示する。

以上を実施するためには、余裕を持った検討期間が必要となる。また、特に運動系のクラブを実施する場合、活動場所の確保が必要となる。自治体や行政との連携により、近隣の公園など活動可能な場所の借り入れについて、教師が検討しておく必要がある。

　なお、年度当初に該当学年が一堂に会して、クラブ結成式を行っている学校があるが、こうした活動を取り入れることも、学習指導要領に示されたクラブ活動の目標や内容を達成する要因の一つになりうると考える。

　次に、児童の自発性や自治性、メンバーとの協力や協調性を高めるために、クラブ活動計画をどのように立てるかについて考える。

2　クラブ活動計画の作成と実行

　たとえば、**表2**のようなクラブ活動計画表を個人カードとして作成し、第1回のクラブ活動日に配布し、記述する。クラブ目標および全体の活動計画は、クラブに所属するメンバーで話し合いをもとに決定した後、個人の目標および活動計画を立てる。2回目からは、立てた計画をもとに活動を行っていくが、毎回活動の終わりに振り返り、その時間はわずかでよいよう配慮し、明確に記録として残る方法を考える。具体的には、計画が実行できた部分に下線を引くなどし、振り返りの欄には充実した時間を過ごせたかどうかを○などの記号で示し、可視化しておく。学期の最後には、メンバー全員で今後の計画の練り直しをし、次につなげていく。

3　満足感・達成感を高めるクラブ活動

　クラブ活動は、自発性・自治性を重んじ、自己の興味関心を生かす活動であるが、同時に学級や学年を超えた集団での協力や協調性を学ぶ機会でもある。互いに学びあって充実した時間を過ごすことによって活動への満足感や達成感を高めることができると考える。

　さらに、活動で得た成果に対し、同好のメンバー以外の人の称賛を得ることは、より一層の満足感や達成感を味わう機会ともなる。そこで、ここでは学校内外での活動方法や、地域の人材を生かしたクラブ活動運営に焦

表2●クラブ活動計画表例　　（筆者作成）

クラブ名		学年・氏名	
クラブ目標		個人目標	
回	全体の活動	個人の活動	振り返り
1			
2		できた部分に下線を引く	活動に満足したら○
3	学期ごとなど、複数回活動した後、振り返りをし、次につなげて		
4			
5			
〜〜〜	〜〜〜	〜〜〜	〜〜〜
最終回			
1年間を振り返って	文章表記による振り返りは、時間的余裕があれば、各学期ごとに実施すると、より効果的である。		
担当の先生から			

点を当て、具体例を述べる。

（1）校内での発表の場を広げる活動

　クラブ活動で獲得した技術の披露や伝授を、朝の会や長い休み時間を利用して実施する。場所は教室やホール、体育館・校庭の一角などで、対象は、希望者または希望した学級である。活動計画作成のおり、全体計画の中に、大体の目安を記入しておくが、全員がノルマとして実行しなければならないものではなく、個人のペースに合わせて参加する。何回参加してもよいが、少なくとも最後のクラブ成果発表会までに1回は技術披露会に参加することとする。

　また、1年生の教室へ出向き、前年度習得した技術を披露したり伝授したりすることも考えられる。このときに、それぞれのクラブで活動の場がかち合わないよう連絡調整することが重要である。連絡調整の下準備は教師が行っても、実際に行動する場面では児童が前面に立つようにすることが望ましい。

(2) 地域の力を借り、地域に返す活動

　児童が新設したいと考えたクラブの中には、技術の伝授が必要となり、教職員では対応しきれない場合もありうる。そのとき、学習の場に要請できるボランティア人材の中で特殊技術を持つ人材を確保しておく。その方の都合を優先しながら活動を展開し、お礼に成果を披露したり、地域の公共施設などで発表の機会を設けたりする。そうすることで、児童は技術を得るばかりではなく、相手の立場を尊重したり礼儀を重んじたりするような、より良い人間関係形成のあり方なども学ぶこととなる。

　以上の活動には、互恵性がある。ただし、教師は、クラブ活動には公益性が求められていないことを念頭に置き、あくまでも成果主義に偏らないよう活動を進める必要がある。

おわりに

　現在、小学校においてもクラブ活動実施には、各学校によって年間実施回数や時数の取り方、実施内容などが大きく異なっている。しかし、冒頭で紹介したように、児童にとってクラブ活動は、学校生活における大きな楽しみの一つなのである。

　今日のさまざまな学校事情を鑑みれば、日常展開される学校生活場面とは異なる異年齢集団の中で「楽しみ」ながら活動し、さらに満足感・達成感を味わうことができるクラブ活動の存在意義は大きいと考えられる。

【文献一覧】

文部科学省①『中学校学習指導要領解説　特別活動編』ぎょうせい、2008年

文部科学省②『小学校学習指導要領解説　特別活動編』東洋館出版社、2008年

文部科学省『高等学校学習指導要領解説　特別活動編』海文堂出版、2009年

日本特別活動学会『キーワードで拓く新しい特別活動：小学校・中学校・高等学校学習指導要領対応〔新訂〕』東洋館出版社、2010年

第12章
子どもたちに委ねる学校行事

米澤利明

はじめに

　学校教育において、これまで以上に、未来を担う子どもたちの人間形成を図る教育活動として学校行事の重要性が高まっている。

　かつて学校行事は、ややもすると例年通りという長年の慣習にのっとったマンネリ化した教育活動の一つであり、活動の企画や実施において教師が中心で、教師にとってはこなすだけのやっつけ仕事、子どもたちにとってはやらされ感の強い退屈なもの、あるいは息抜きとしての教育活動になりがちであった。

　しかし、新学習指導要領が前提とするように、子どもたちがこれから生きていかなければならない未来の社会は、変化が激しく、単に正解を求めるのではなく、複雑な人間関係の中で新しい未知の課題に試行錯誤しながら、自らの回答をもって対応することが強く求められる社会である。こうした社会では、自分のよさや個性を生かしながら、多様な他者と共に協力し合う能力や社会生活を送る上で必要な公共の精神、さらには、自然や環境とのかかわりの中で適応し、生きる資質や能力などが必要となる。つまり、学校教育においても、これまで学校教育の中で重視されてきた基礎・基本的な知識・技能の習得に加えて、それを活用するための思考力、判断力、表現力、課題発見能力、問題解決能力、学び方、学ぶ意欲といった学力、さらには自らを律する力、他人と協調する力、思いやる心、感動する心といった豊かな人間性を、これまで以上に「学校教育で育成すべき資質・能力」として育む必要性が高まっているのである。

　これらの能力については、当然のことながら、各教科などの授業だけではなく、学校の教育活動全体を通じて育成されるものであり、一人ひとりの子どもたちが、それぞれ発達の段階に応じて、授業や実際の活動、体験を通して体得していくことが重要である。特に、集団活動や体験的な活動を通すことを特質としている教育活動である学校行事は、豊かな人間性を育成するために、極めて重要な役割を担うものであると言える。これからの学校行事を進める上で重要なキー・ワードとなるのが、「子どもたちに

委ねる」である。

第1節 学校行事の内容と活動

　学校では、どのような学校行事が実施されているのか。小学校、中学校、高等学校という学校段階で具体的な行事内容に違いはあるが、学習指導要領の学校行事「内容」には、主な内容として、次の①～⑤の5種類の学校行事が示されている。

①儀式的行事

　　　学校生活に有意義な変化や折り目を付け、厳粛で清新な気分を味わい、新しい生活の展開への動機付けとなるような活動を行う学校行事。

→　一般的には、全校の子どもたちおよび教職員が一堂に会して行う教育活動であり、入学式、卒業式、始業式、終業式、終了式、立志式、開校記念に関する儀式、朝会、着任式、離任式などの学校行事。

②文化的行事

　　　平素の学習活動の成果を発表し、その向上の意欲を一層高めたり、文化や芸術に親しんだりするような活動を行う学校行事。

→　たとえば、子どもたちが各教科などにおける日頃の学習や活動の成果を総合的に発展させ、発表し合い、互いに鑑賞したり、文化的な作品や催し物を鑑賞したりする行事であり、文化祭（学芸会）、学習発表会、音楽会（合唱祭）、作品発表会（展覧会）、音楽鑑賞会、映画・演劇・伝統芸能など鑑賞会、講演会などの学校行事。

③健康安全・体育的行事

　　　心身の健全な発達や健康の保持増進などについての関心を高め、安全な行動や規律ある集団行動の体得、運動に親しむ態度の育成、責任感や連帯感の涵養、体力の向上などに資するような活動を行う学校行事。

→　たとえば、健康診断、薬物乱用防止指導、防犯指導、交通安全指導、

避難訓練や防災訓練、健康・安全や学校給食に関する意識や実践意識を高める行事、運動会（体育祭）、競技会、球技会などの学校行事。これらの行事の中には、学校保健安全法や消防法の規定に従って実施されるものもある。しかし、学校教育の内容として取り上げるのであるからねらいを明らかにし、教育的な価値を十分生かす必要がある。

④遠足・集団宿泊的行事

　平素と異なる生活環境にあって、見聞を広め、自然や文化などに親しむとともに、人間関係などの集団生活の在り方や公衆道徳などについての望ましい体験を積むことができるような活動を行う学校行事。

→　たとえば、遠足、修学旅行、移動教室、集団宿泊、野外活動などの学校行事。

⑤勤労生産・奉仕的行事

　勤労の尊さや創造することの喜びを体得し、職場体験などの職業や進路にかかわる啓発的な体験が得られるようにするとともに、ともに助け合って生きることの喜びを体得し、ボランティア活動などの社会奉仕の精神を養う体験が得られるような活動を行う学校教育。

→　小学校段階では、飼育栽培活動、校内美化活動、地域社会の清掃活動、公共施設などの清掃活動、福祉施設との交流活動など。中学校段階では、職場体験、各種の生産活動、上級学校や職場の訪問・見学、全校美化の行事、地域社会への協力や学校内外のボランティア活動など。高等学校段階では、就業体験（インターンシップ）、各種の生産活動、上級学校や職場の訪問・見学、全校美化の行事、地域社会への協力や学校内外のボランティア活動などが考えられる。たとえば、生徒が中心となって学校や地域の環境美化のための活動を工夫すること、学校の内外での勤労や生産の体験、就業体験を行うこと、乳幼児の保育体験、障害のある人や高齢者の介護体験などを通してボランティア活動について学んだり体験したりすることなど、の学校行事。

（※主に中学校学習指導要領第5章第2〔学校行事〕「2 内容」を参照して作成。小学校学習指導要領では、第6章の第1〔学校行事〕「2 内容」。高等学校学習指

導要領では、第5章の第2の〔学校行事〕「2 内容」）

　これらが、子どもたちの発達段階に応じ、各学校の実態に合わせて取捨選択され実施されてきた。

第2節　子どもたちに委ねる学校行事を通して、つけたい能力

1　学校行事の目標と、つけたい能力

　多忙な学校の中で、学校行事はルーティン・ワークになりがちである。これからの学校行事は、例年通りのことを例年通りに踏襲するといった教師主導のマンネリ化した学校行事から脱却する必要がある。そのためには、学校行事の目標とねらい、そしてその学校行事を通して、子どもたちにどのような能力を育むのかを改めて明確にすることが大事である。

　何のためにその学校行事を実施するのか？

　まずは、そこを明確にすることが何より大事である。中学校学習指導要領第5章の第2の〔学校行事〕「1 目標」では、学校行事の目標を次のように示している。

　　　学校行事を通して、望ましい人間関係を形成し、集団への所属感や連帯感を深め、公共の精神を養い、協力してよりよい学校生活を築こうとする自主的、実践的な態度を育てる。
　　　（※小学校学習指導要領では、第6章の第1〔学校行事〕「1 目標」。高等学校学習指導要領では、第5章の第2の〔学校行事〕「1 目標」）

　この目標から分かるように、学校行事では、望ましい人間関係を形成する能力、公共の精神をもって集団の中で所属し連帯する能力、他人と協調して自らの学校生活をよりよく設計し実行する能力などが育成されること

が望まれている。学校行事を実施するのはまさにこの能力を育成するためである。

2 学校行事でつけたい能力と、キー・コンピテンシー

　これらの能力の重要さは、国際的にも共有されており、OECD（経済協力開発機構）においても、「キー・コンピテンシー：鍵（key）となる能力（Competencies）」の中に示されている。キー・コンピテンシーは、OECDの「コンピテンシーの定義と選択：その理論的・概念的基礎（通称DeSeCo）」プロジェクトにより示された能力で、未来の社会を生きる能力として、三つのカテゴリーに九つの能力が定義されている。

　近年、点数や順位が話題となっている「読解力」や「科学的リテラシー」などOECDによるPISA調査は、この九つのキー・コンピテンシーの中の一つである（A）「相互作用的に道具（ツール）を用いるカテゴリー」の、①「言語、シンボル、テクストを相互作用的に用いる能力」を対象にしており、実は九つのキー・コンピテンシーのうちの一つを測定しているに過ぎない。

　OECDは、①の「読解力」や「科学的リテラシー」などの能力および、②知識や情報を相互作用的に用いる能力、③技術を相互作用的に用いる能力、以外に、「思慮深さ（反省性）」を核心にした重要な能力として、（B）「異質な集団で交流する」カテゴリーで、④他人といい関係を作る能力（共感性、他人の立場に立ち、その人の観点から状況を想像すること、そして他人の状態を効果的に読みとることなど）、⑤協力し、チームで働く能力（自分のアイデアを出し、他人のアイデアを傾聴する力、討議の力関係を理解する力、持続可能な協力関係を作る力、交渉する力、包容力など）、⑥争いを処理し、解決する能力（すべての面から争いの原因と理由を分析する力、合意できる領域とできない領域を確認する力、問題を再構成する力、優先順位をつける力など）、さらに、（C）「自律的に活動する」カテゴリーで、⑦大きな展望の中で活動する能力（パターンを認識する力、システムについての理想を持つ力、自分の行為の直接的・間接的な結果を知る力、選択する力など）、⑧人生計画

や個人的プロジェクトを設計し、実行する能力（計画を決め目標を定める力、現状評価する力、目標の優先順位を決め整理する力、バランスをとる力、過去の行いから学ぶ力、必要な調整を行う力など）、⑨自らの権利、利害、限界やニーズを表明する能力（自分の利害関心を理解する力、基礎となる規則や原則を知る力、根拠を示す力、処理法や代替的な解決策を指示する力など）を示している。

　ここで確認しておきたいのは、このキー・コンピテンシーで示した九つの能力は、極めて相互に関連性が強いということである。たとえば読解力や科学的リテラシーを高めようとするならば、チームで協力し、働く力やプロジェクトを設計し実行する力を高めることも、同じように必要だということである。このことは、PISA調査の結果をよくしようとするならば、各教科での授業改善などの努力をするだけでなく、特別活動の学校行事などをより効果的なものに改善しなければならないことを示している。

第3節　子どもたちに委ねる学校行事の事例

1　子どもたちに委ねる

　学校行事は、学校が計画し実施するものであり、発達の段階からいって子どもたちが活動のために、必要な知識や技能を十分身につけていない場合もある。教師の適切な指導・助言が必要なことは言うまでもない。一方、学校行事に子どもたちがより積極的に協力し、参加することで充実する教育活動でもある。学校行事という活動の場で、子どもたちの自発的な行動をさらに引き出し、子どもたちの参加する意欲を高めるために「子どもたちに委ねる」ことは大事なことである。換言すれば、学校行事の目標である「望ましい人間関係を形成する能力、公共の精神をもって集団の中で所属し連帯する能力、他人と協調して自らの学校生活をよりよく設計し実行する能力等」の実現のためには、「子どもたちに委ねる」ことが必要かつ

重要な要素になるということである。

2 修学旅行での事例

「子どもたちに委ねる」をキー・ワードにして、これまでの学校行事を見直してみれば、①儀式的行事、②文化的行事、③健康安全・体育的行事、④旅行・集団宿泊的行事、⑤勤労生産・奉仕的行事のいずれについても、「子どもたちに委ねる」ことを取り入れることは可能である。ここでは、一つの事例として、A中学校の修学旅行での自主行動計画について取り上げる。

【事例：修学旅行での自主行動計画（生徒企画コースの設定）】
　・生徒に委ねる内容：修学旅行（関西方面）の2日目の日程を全て委ねる
　・対象生徒：A中学校3年生

＜概要＞
修学旅行での日程や見学場所を教師が全てを決めるのではなく、クラスごとの班別にして、教師のチェックポイントを経由しながら、自分たちで見学場所を巡る、いわゆる班別自主行動は、これまでも多くの中学校で実施されてきた。この事例で取り上げるA中学校の修学旅行でも、京都の班別自主行動は3日目に設定されている。その班別自主行動計画とは別に、2日目について、立候補による実行委員の生徒によって方面、日程、見学場所、マナー、安全対策などを含めた「生徒主催コース案」を作り、実行委員たちから生徒たちにプレゼンを行い、日程、コースなどを決定する、というものである。

＜3年間を見通した計画＞
A中学校は、数年前より「覚える学力」から「考える学力」へと教える側の学力観の転換を図りながら「読解力」などのPISA型学力の育成に取り組んでおり、キー・コンピテンシーを学校教育の全体で育成するために、

学校行事についてもそれを強く意識した計画を立てている。

　この事例についても、下記の「3年間を見据えた旅行・集団宿泊的行事のイメージ」を生徒や保護者に1年生の時から提示し、計画を立ててきた。

＜3年間を見据えた旅行・集団宿泊的行事のイメージ＞
① 1年：スキー教室
　　　教師の指導のもと、目標の実現に向けて取り組み、実施・評価し、今後の行事へと生かす。
↓
② 2年：校外学習
　　　教師から与えられた課題や自分たちで見つけた課題を解決するため、サポートを受けながら解決を目指し、反省・改善をもとに3年生へとつなげる。
↓
③ 3年：修学旅行
　　　充実した行事とするため、自分たちで企画・提案できるよう計画的に取り組み、後輩につなげることを意識して、より素晴らしい学校づくりを目指す。

　　初めは「与えられる行事」から徐々に「生徒が自分で考え学んでいく行事」へ深化していくことを意図して、いわゆる「守・離・破」のイメージでこのイメージを作成している。

＜実施手順＞
① ステップ1――コース、日程の概要づくり
　　まず、実行委員全員（12名）で、方面、日程、費用などの原案を作成した。この結果、①神戸コース、②大阪コース、③奈良コースの3コースを設定することを決定した。実行委員は、各自どのコースの企画に携わりたいかを話し合い、それぞれのコースに分かれて、詳細なコース企画案を作成した。
② ステップ2――コースの検討
　　それぞれのコースの企画案について、実行委員会で各コースの企画

者たちからプレゼンを行い、検討を行った。この検討会には、実行委員の他に学年所属の教員、さらに学年所属以外の教員までも加わり、コース、日程、費用、健康面での配慮、安全性など、さまざまな視点から厳しい質問やアドバイスを交えて、徹底的な検討が行われた。こうした指摘を受けて、修正が重ねられ、3回の提案→検討→修正を経て、4回目に生徒主催のコースが仮決定された。この結果、神戸コースには、トンボ玉作りの体験活動などを採り入れたコース、大阪コースには、大阪城見学などのコース、奈良コースには、古墳見学などのコースが複数仮決定された。

③ステップ3——全体へのプレゼンとコース決定

学年全体の集会で、各コースの企画者たちからコースプレゼンテーションが行われ、その後、各個人ごとに希望調査を行った。その結果をもとに、実行委員会でさらに検討を加え、最終的に人数の調整を考慮して、神戸4コース、大阪1コース、奈良1コースを決定した。各コースごとにクラスの枠を越えた少人数グループ編成を行い、各コースごとにしおりを作成した。図は、A全体のしおり、B神戸コースのしおり、C大阪コースのしおり、D奈良コースのしおりの四つ（いずれも実行委員会作成）である。

＜評価と振り返り＞

生徒による生徒主催コースについては、極めて好評であった。しかし、単に「楽しかった」などの感想が重要なのではない。3年間の積み重ねから学校行事に対する意義の理解と意欲をしっかり身につけさせ、準備段階から自分たちで考えさせて、生徒の成長をしっかりサポートする。学校行事の評価については、何より、ねらいとした「つけたい力」が確実に身についたかを確認することが重要であり、その上で、行事が生徒たちの自己実現のプロセスとして役立っているか、そして、教師自身にとっても指導の改善に役立っているか、をきちんと振り返ることが必要なのである。

図●各コースごとのしおり

おわりに

　学校行事は、「活動する」ことが大事なのではない。「子どもたちに委ねる」といっても、ただ委ねて放任のようになったのでは何の意味もない。活動を通して、どれだけ目標が実現できたのか、身につけさせるべき能力をどれだけ身につけさせることができたのか、このことが重要なのである。そして、また、振り返りを通して、目標実現のための活動を修正していく、というPDCAサイクルをきちんと積み重ねていくことも重要である。その上でこそ「子どもたちに委ねる学校行事」は成立する。

　さて、最後に「子どもたちに委ねる学校行事」を実現させるために、次の二つのことを指摘しておきたい。まず一つ目は、子ども観の転換の必要性である。いうまでもなく学習の主体は子どもである。学校行事においても主役は教師ではない。誰しもそんなことは分かっているはずであるが、教師は本当に子どもが主役となるような子どものとらえ方をしているだろ

うか？　子どもは無力で教えなければ分からない存在ではなく、その子としてその時期ならではの良さや可能性をもち、生涯にわたってよりよく生きたい、向上したいと願っている存在としてとらえるべきである。それゆえに子ども一人ひとりにしっかり向き合い、共感し、子どもの姿全体を見失わないように留意しながら、成長に向けた子どもたち一人ひとりの成長を支え、自ら学び自ら考える力などの「生きる力」を、より効果的に育んでいかなければならない。

　二つ目は、指導スキルの習得の必要性である。座らせて話を聞かせるだけでは子どもたちは変容しない。教師は、たとえば、子どもの意欲をかき立てるスキルや、子ども自身の潜在能力に気づかせるスキル、さらには質問力を高めるスキルなど、多様なスキルを身につける努力が必要であろう。また、教師が的確な指導ができるように参加体験型の学習方法や合意形成の手法を学ぶ必要もあるだろう。そうした学習方法や手法を実践するためには、必要な知識や技能を習得させるために、具体的な実践を通じて学ぶオンザジョブ・トレーニング（on-the-job training）も効果があるだろう。

　「子どもたちに委ねる学校行事」に取り組む過程で、子どもも教師も共に成長する、そのような学校行事の実現を期待したい。

【文献一覧】
　　文部科学省『小学校学習指導要領解説：特別活動編』ぎょうせい、2008年
　　文部科学省『中学校学習指導要領解説：特別活動編』ぎょうせい、2008年
　　文部科学省『高等学校学習指導要領解説：特別活動編』海文堂出版、2009年
　　ドミニク・S・ライチェン、ローラ・H・サルガニック編著（立田慶裕監訳）
　　　　『キー・コンピテンシー：国際標準の学力をめざして：OECD DeSeCo：コンピテンシーの定義と選択』明石書店、2006年

第13章 子どもたちに委ねるボランティア活動

長沼 豊

はじめに

　ボランティア活動が私たちの生活に密着してきている。大震災後の復興ボランティア、高齢社会における支え合いのボランティア、地球規模の環境問題を解決するためのボランティア、学校支援ボランティアなど規模の大小を問わず、私たちの暮らしにかかわる多種多様な分野でボランティア活動が盛んになってきている。学校では教育課程に位置づけてボランティア活動を行うものもあれば、地域や家庭と連携・協力しながら子どもたちの自主的なボランティア活動を促していくものもある。

　そこで本章では、学校で子どもたちが行うボランティア、特に特別活動で実践されるボランティア活動について、その考え方や実態、指導のあり方について述べる。

第1節　学校教育におけるボランティア学習

　まずは基本的な考え方として、学校教育で展開されるボランティア活動が豊かな学びの世界であることを述べる。

1　ボランティア学習とは

　ボランティア活動は、社会に存在する多様な課題（支援が必要な状況）に向き合い、その解決策を考え、実行し、検証し、その成果や課題を提言することで、よりよい社会作りに自らの意志で貢献するものである。その学習性に着目して社会体験学習として構成したものが「ボランティア学習」である。学校教育で行うボランティアは、自発的に行う本格的なボランティア活動ではなく、学びとして設定されたボランティア学習と言える。

　「ボランティア活動」と「学習」の関係を考えると、ボランティア学習には次の三つの要素があることが分かる。

　①ボランティア活動のための学習（Learning for Volunteer activity）

②ボランティア活動についての学習（Learning to Volunteer activity）
③ボランティア活動による学習（Learning by Volunteer activity）

ボランティア活動は、①では学習の目的、②では学習の対象、③では学習の手段ということになる。

要素①の「ボランティア活動のための学習」の内容は大きく二つに分かれる。一つはボランティア活動をするために必要な知識や技能などについて、事前に学習してから臨むという場合の「事前学習」である。これは学習過程の準備・計画段階として位置づけられる。もう一つは学校卒業後も含め長い期間を範囲として考え、いずれはボランティア活動をすると期待される人々を養成・育成するための「準備的学習」である。これはボランティア活動の「きっかけ作りとしてのボランティア学習」と呼ばれているもので「プレ・ボランティア活動としてのボランティア学習」とも言える。学校では事前学習・準備的学習のどちらも実践されている。

要素②の「ボランティア活動についての学習」はボランティア活動そのものが学習の対象となっている。ボランティア（活動）とは何かについて理解することが学びの本質となる。中学校学級活動の内容として挙がっている「ボランティア活動についての意義の理解と参加」（高等学校ホームルーム活動では参画となっている）などは、これに当たる。

要素③の「ボランティア活動による学習」は活動を通しての多様な学びである。学びの中身としては自己理解の促進、他者理解の促進、社会的課題の把握、自主性・主体性の育成、自己肯定感や社会的有用感の獲得などがある。学校教育では本質的かつ重要な内容であり、詳しくは次に述べる。

2　ボランティア活動による学び

ボランティア学習は、社会的課題を見る「目」と、他者の境遇に触れ、思いを感じとる「心」と、課題解決を実践・実行する「汗」を育む学習である。ボランティア活動による学びの内容には次のようなものがある。これらの全てが特別活動による教育実践の趣旨および内容と合致していることが分かるだろう。

①他者とのかかわりから多様な価値観を学ぶ（多様な他者との出会いを通して、人の多様な価値観に対する理解を深めることなど）

②社会的課題について考察し、解決を図る手法について学ぶ（社会に対する理解を深め社会性・公共性を養うこと、批判的に考察する力を向上させることなど）

③活動を通して自己のあり方、生き方を再考する機会をもつ（社会的自立にかかわる力や自己を生かす能力を伸ばすこと、自発性や主体性などを育成すること、自己肯定感を獲得することなど）

④ボランティア活動の社会的意義について学ぶ（参加・参画したボランティア活動の社会的意義についての考察を通して、ボランティア活動に対する理解を深めることなど）

⑤多様な人々とのかかわり合いからコミュニケーション能力を高める（人間関係形成能力、コミュニケーション能力などを伸ばすこと、他者や社会に対する貢献意識を向上することなど）

3　子どもが変わり学校が変わるボランティア学習

　実際にボランティア活動で子どもが変わった例を紹介しよう。

　10年以上前、大阪のある中学校では生徒たちが荒れていて生徒指導が困難を極めていた。教員たちが困り果てていたときに、地域の大人たちが自分たちの住む地域の中学校を何とかしたいと立ち上がった。保護者や卒業生、かつて子どもを通わせていた元保護者、町内会の人々、商店街の人々などである。多様な人々が教員と連携しながら、授業サポートや地域の見回りなどを始めたのである。また中学生と地域の大人たちが交流して相互理解することが重要だと考え、生徒たちのために多様な体験学習を地域に用意した。今でこそ多くの中学校で取り組んでいるボランティア体験や職場体験である。

　地域での活動を始めてわずか3カ月、まるで波が引いていくように荒れは消え去っていったそうだ。ボランティア活動で生徒が変わり、学校が変わり、地域が変わったのである。重要なのは、生徒たちが地域の中で自分

たちが役に立つことがあると実感し、逆に地域の人々にいつも温かく見守られて生活していることを知ったことである。

子どもたちを信じて委ねることで、多様な学びが得られる教育活動となる。それがボランティアによる学び（成長・発達）である。

4 子どもたちにいかに委ねるか

学びを企図した「ボランティア学習」は本格的なボランティア活動ではなく、前述したようにきっかけ作りとしての側面があることから、最初から自発的であるとは限らない（もちろんそうなら理想的であるが）。「自発的に」を理想としつつ、経験を通して「自発性を養う」という観点でとらえるのが自然と言える。実際、学校でボランティアを扱う場合には、児童会活動・生徒会活動などのように自発的な取り組みを企図しつつ行うものもあれば、総合的な学習時間のように一連の学びとして構成して理解、体得させる場合もある。

問題なのは、たとえばゴミ拾いの活動をボランティアと称して強制していて、児童生徒が「苦役＝ボランティア」と感じとってしまうケースが見受けられることである。そこには学びや気づきが内在したプロセスがなく、ボランティア学習とは言えない。できる限り児童生徒に内容やプロセスを委ねる工夫が求められるのである。ではどのようにすればよいのか、特別活動における具体的な方策について次に述べる。

第2節 特別活動におけるボランティア

1 学習指導要領に記されたボランティア活動

2008（平成20）年告示の小学校学習指導要領、中学校学習指導要領、および2009（平成21）年告示の高等学校学習指導要領の「特別活動」の章の中でボランティア活動が記述されている箇所（近い内容を含む）をまとめ

表1 ●学習指導要領（特別活動）におけるボランティア活動の記述

	小学校	中学校	高等学校
学級活動・ホームルーム活動	「ボランティア活動の意義の理解と参加」	「ボランティアの活動の意義の理解と参画」	
児童会活動・生徒会活動		「ボランティア活動などの社会参加」	「ボランティア活動などの社会参画」
学校行事	「ボランティア活動などの社会奉仕の精神を養う体験が得られるような活動」	「ボランティア活動などの社会奉仕の精神を養う体験が得られるような活動」	「ボランティア活動などの社会奉仕の精神を養う体験が得られるような活動」
指導計画の作成			「ボランティア活動などの社会奉仕の精神を養う体験的な活動」をできるだけ取り入れる
内容の取り扱い	「実施に当たっては、幼児、高齢者、障害のある人々などとの触れ合い、自然体験や社会体験などを充実する」		

出典：〔2008・2009年版学習指導要領〕より抜粋（筆者作成）

たものが**表1**である。「ボランティア活動」は小学校1カ所、中学校3カ所、高等学校4カ所で記述され、さらに「幼児、高齢者、障害のある人々などとの触れ合い」「社会体験」といったボランティア活動として実践可能な内容のものが小中高の「内容の取扱い」の中に記述されている。以下、特別活動の各々の内容に即してボランティア活動のあり方について述べる。

2　学級活動・ホームルーム活動におけるボランティア活動

　中学校学級活動、高等学校ホームルーム活動は週1時間配当され、生徒が自分たちの生活課題や集団生活の向上について話し合ったり、進路や生き方、青年期の課題について取り上げて理解を深めたりする時間である。この中に「ボランティア活動の意義の理解と参加」（中学校）がある（高等学校は参加が参画となっている）。

　生徒がボランティア活動の社会的および個人的意義を理解することはボランティア学習の要素②であり、人々が支え合って生きていることを実感

し、自らの生き方を考察する上でも重要なことである。また、実際に活動に参加・参画してみることで、さらに活動の意義を感得することもあるだろう。したがって活動の意義の理解と参加・参画は相乗的、双方向的なものと言える。

中学生の「参加」に比べ高校生の「参画」の方が、より主体性を発揮するため計画段階（発案、企画立案）から関与することが求められている。学級およびホームルームの成員が発案、協議、合意形成して活動を行うことは、その過程も集団活動のあり方として重要なものとなる。

なお学習指導要領には記載されていないが、小学校でも実践が行われている場合がある。たとえば東日本大震災の復興支援として学級で支援物資を集めて送ることなどである。

3　児童会活動・生徒会活動におけるボランティア活動

中学校・高等学校の生徒会活動は、全校生徒が所属し望ましい人間関係を形成し、集団や社会の一員としてよりよい学校生活づくりに参画し、協力して諸問題を解決しようとする自主的、実践的な態度を育てるものである。学習指導要領には5種類の活動内容が示されているが、そのうちの一つとして「ボランティア活動などの社会参加」（中学校）が挙がっている（高等学校では「社会参画」となっている）。

実践例としては、生徒会が主体となって地域清掃ボランティア活動をしている学校、全校でアルミ缶を回収して換金し寄付を行っている学校など多様な活動が見受けられる。学級活動・ホームルーム活動、学校行事と比べて実施することが決まっている割合が低いため、展開次第では自主的・主体的・自治的な活動としての完成度が高いものに発展することが可能と言えるだろう。

ボランティア活動による社会参加・参画の経験は、将来よりよい市民として生きるための教育（シティズンシップ教育）としても有効であり、今後さらに充実した実践が求められてくると期待されるものである。

なお学習指導要領には記載されていないが、小学校の児童会活動でも実

践が行われている場合がある。例えば東日本大震災の復興支援として、児童会役員が中心となって学校全体に呼びかけて、募金活動を行うことなどである。

4　クラブ活動におけるボランティア活動

学習指導要領に記述はないものの、小学校のクラブ活動として実践されているケースはある。「ボランティアクラブ」という直接的な名称のクラブに限らず、たとえば器楽クラブの児童が高齢者施設で演奏活動を行い、喜んでもらう場合や、パソコンクラブの児童がPCで作った作品を、被災地に届ける場合など多種多様な活動がある。クラブ活動自体が児童の興味・関心に基づいて行われているため、自分たちの好きなことで他者の役に立つこともできる点が特筆される。そのメリットを認識させることもできる点が有益である。なお同様のことが、特別活動ではないが中学・高校の部活動においても実践されている。

5　学校行事におけるボランティア活動

学校行事は、集団への所属感や連帯感を深め、公共の精神を養い、協力してよりよい学校生活を築こうとする自主的，実践的な態度を育てるねらいがあり、全校または学年を単位として、学校生活に秩序と変化を与え、学校生活の充実と発展に資する体験的な活動を行うものである。学習指導要領には5種類の行事が示されているが、そのうちの一つ「勤労生産・奉仕的行事」の中に、小中高に共通して「ボランティア活動などの社会奉仕の精神を養う体験が得られるような活動」を行うことが明示されている。

実践例としては、社会福祉施設などとの連携により交流活動を行うことや、地域の高齢者を運動会などの学校行事に招いて一緒に楽しむといった活動である。内容の取扱いとして「実施に当たっては、幼児、高齢者、障害のある人々などとの触れ合い、自然体験や社会体験などを充実する」とあり、募金や地域清掃活動などだけでなく、人的交流活動を基盤としたボランティア活動も求められていることが分かる。一方的な支援というより

も双方向で支え合っていることを実感できる活動計画が望ましいということである。このような点も踏まえながら、各学校では教育課程の中でボランティア学習を充実させる必要がある。

第3節 特別活動におけるボランティア活動を効果的に行うために

1 自発性・主体性を育む

地域清掃活動にありがちなこととして、強制させられたボランティア活動だという意識が生じる場合がある。学校教育で行うボランティアは学びとしての「ボランティア学習」ではあるが、極力やらされたと思わせない指導の工夫は必要である。特に特別活動は自主的・実践的な態度を養うための教育活動であるから、本章のタイトルにもあるように児童生徒に「委ねる」ことが大切である。そして委ねた結果として、失敗から学ばせることも重要である。筆者は学校教育では児童生徒が「プチ失敗」（小さい失敗）をたくさん経験して、その失敗を次にどう生かすかを考えさせることが大切であると考えている。

ボランティアの語源はラテン語のvoloで自由意志を表す言葉である。自分発・自分たち発の活動を考え、実行し、検証し、自己評価し、発信し、他者を巻き込み、信頼を得て進めていくこと、その過程で自発的な行為の重要性と有効性に気づき、主体的な社会参加（参画）の手法を体得するのである。これは民主的な社会形成に参画する人材育成にもなっている。

2 学びのプロセスを創る

図1はボランティア学習の学習過程としての「PARCDサイクル」である。学びとしてとらえるボランティア学習では、体験すればよいという体験至上主義ではなく、体験したことをどのように学びとして結実させるか、生かすかが重要である。特別活動の教育的意義とも関連するが、「なすこと

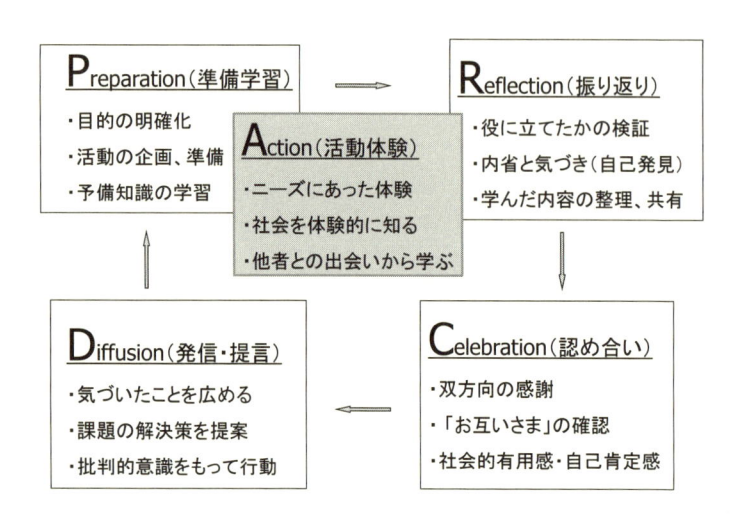

```
┌─────────────────────────┐         ┌─────────────────────────┐
│ Preparation（準備学習）  │ ───→    │ Reflection（振り返り）   │
│ ・目的の明確化           │ ┌──────┐│ ・役に立てたかの検証     │
│ ・活動の企画、準備       │ │Action││ ・内省と気づき（自己発見）│
│ ・予備知識の学習         │ │（活動 ││ ・学んだ内容の整理、共有 │
│                         │ │体験） ││                         │
└─────────────────────────┘ │・ニーズ││└─────────────────────────┘
         ↑                   │にあっ ││         ↓
                             │た体験 │
                             │・社会を│
                             │体験的 │
                             │に知る │
                             │・他者と│
                             │の出会 │
                             │いから │
                             │学ぶ   │
                             └──────┘
┌─────────────────────────┐         ┌─────────────────────────┐
│ Diffusion（発信・提言）  │ ←───    │ Celebration（認め合い）  │
│ ・気づいたことを広める   │         │ ・双方向の感謝           │
│ ・課題の解決策を提案     │         │ ・「お互いさま」の確認   │
│ ・批判的意識をもって行動 │         │ ・社会的有用感・自己肯定感│
└─────────────────────────┘         └─────────────────────────┘
```

図1●ボランティア学習PARCDサイクル（学習課程）　　（筆者作成）

によって学ぶ」のである。

　このうちここではC（Celebration）の段階（認め合いの学習）の重要性についてのみ述べる（詳細は文献一覧の図書を参照）。一般にボランティア活動が効果を上げたとすれば、それは他者や社会から有効な評価を受けたということである。そのような評価を受けることで、人は「役に立った」と感じるのである。社会の中で役に立つという意味で筆者はこれを「社会的有用感」と呼んでいる。社会的存在である人は、他者や社会が認めてくれることで自己の存在意義を感じ、さらに他者や社会のために頑張ろうと思うのである。このような人間の根源的な部分にかかわることができるのもボランティア学習の特徴である。

　したがって社会的有用感を味わわせるような工夫が求められるのであり、その中心が認め合いの学習段階（C）である。たとえば、活動が役に立った場合には、その当事者の声を児童生徒にしっかり届けることである。ありがとうの一言でもよい。また、学校教育のボランティア学習では、受け

入れ側の地域の人々もボランティアである（筆者は「ボランティア学習受け入れボランティア」と呼んでいる）。児童生徒がそのことに気づき感謝の気持ちを述べることで、地域の人々も有用感を感じるのである。つまり双方向の支え合いであることを相互に意識・認識することで、有益な教育活動に発展するのである（学校と地域の連携・協働としての意義もある）。

3　課題解決能力を向上させる

　ボランティアが必要な状況は、支援が求められる、つまり社会の中で何らかの課題が生じている事象と言える。大震災後の復興支援が分かりやすい。したがってボランティア活動は、そうした課題を解決するための一つの手段であり、解決に向けた知恵を出し合いながら進めていくものである。当然、その過程で課題解決能力が養われていくことになる。つまりボランティア学習を効果的に実践するためには、児童生徒に大いに考えさせ、工夫させ、改善させ、協議させ、解決に向けて協力させることが重要である。

4　「活動」ではない「ボランティア」と連続して考える

　活動（組織的なもの）ではないボランティア、つまり日常生活の中でのちょっとした助け合い（「ちょボラ」と呼ぶこともある）を再認識し、それらの行動の延長線上にボランティア活動があることを理解させることも重要である。ボランティア活動は決して特別なものではなく、社会全体で人々が支え合っていくための一つの手段であるととらえ「できるところからできる人が実践していく、自分も機会があればやってみる」という意識が児童生徒に芽生えれば成功である。特別に意識の高い人が行うものであるという偏見が生じないよう細心の注意を払って実践してほしい。

おわりに

　ボランティア活動の生命線である自発性・自主性・主体性を担保しつつ、教育的に意味ある活動として実践するためには、子どもに委ねる場面を学習（活動）過程に多く取り入れることが肝要である。また単に体験すれば

よいのではなく、体験したことをどのように生かすのか、児童生徒がどのような知識・技能・価値・情報などを獲得するのかが重要であり、それらを学校内外で明確にした上で実践することが求められる。そのためには、教員などの学校教育関係者や連携して取り組む地域の関係者による「ボランティア学習」の十分な理解が不可欠である。

【文献一覧】

長沼豊編著『親子ではじめるボランティア：社会性を育てるきっかけづくり』金子書房、2003年
長沼豊『新しいボランティア学習の創造』ミネルヴァ書房、2008年
長沼豊他編著『学校ボランティアコーディネーション：ボランティアコーディネーター必携』筒井書房、2009年
長沼豊編著『特別活動概論〔改訂〕』久美出版、2009年
長沼豊『実践に役立つボランティア学習の基礎理論』大学図書出版、2010年

終章

特別活動における教師の大事な出番とは

犬塚文雄

はじめに

　本書後半には、子どもたちに委ねる勇気と忍耐を持ってとり行われた、特別活動実践の貴重な記録が多数取り上げられている。繰り返しになるが、特別活動実践において子どもたちに「委ねる」ことの積極的意義は、特別活動の小中高共通の目標原理、さらには、特別活動4内容の共通目標原理でもある「自主的、実践的な態度」の育成に迫るためである。

　各教科、道徳、総合領域においても、もちろん、子どもたちの自主性育成は重視されているが、目標原理として一貫して位置づけられているのは特別活動領域だけである。子どもたちに委ねる勇気と忍耐を持ってとり行われたこうした特別活動実践が、彼らの自主性育成のまさに「要」となっていると言えるであろう。

　ところで、子どもたちに委ねることで必然的に教師は黒子におさまり、教師の出る幕がなくなるのではないかと危惧している方がおられるかもしれない。黒子に徹することは、何も子どもたちの活動時間が教師にとって「休憩の時間」になることではなく、教師の出番は、実は至る所に用意されている。

第1節　活動導入時の大事な出番

　まず、活動導入時の教師の大事な出番としては、アイスブレーキング（ice breaking）があげられる。これは、子どもたちの心と体の緊張や子ども集団の緊張を氷（ice）にたとえ、それを打ち砕く（breakingする）ことである。打ち砕く方法の一つに、短時間でできるレクゲームがあげられる。こうしたゲームを取り入れていくだけでも、子どもたちの過緊張の緩和が期待できる。

　導入時のもう一つの大事な出番は、「三つの明確化」である。これは、これからみんなで取り組む活動が、どんな「ねらい」「ルール」「手続き」

で行われるかの説明を指す。この3点が曖昧だと、活動に安心して取り組めないことが、子どもたちの振り返りから明らかにされている。彼らが安心して活動に取り組んでいくためにも、分かりやすく、かみ砕いた説明が求められているのである。

なお、「ルール」に関して、筆者は、さらに「三つの基本ルール」に注目している。それは、友達の嫌がることは言ったりやったりしないという「暴力NO」のルールと、無理強いはしないという「パスOK」のルール、それと、活動中にやりとりした内容は興味本位で外に持ち出さないという「持ち出し禁」のルールである。この三つのルールが不十分でダメージを受け、その後、心的外傷の後遺症で苦しむ子どもたちの事例が、教育臨床家の研修会で報告されている。

ところで、この「三つの明確化」が、安心で安全な雰囲気づくりの手立てになるのに対して、前者のアイスブレーキングは、自由で楽しめる雰囲気づくりの手立てと言える。しかも、この二つの雰囲気がどちらかに偏ると問題が生じてくる。たとえば、安心で安全な雰囲気づくりを重視して三つの明確化を強めると、子どもたちは萎縮して、本音で語り合えない重苦しい雰囲気になってしまう。逆に、自由で楽しめる雰囲気づくりを重視してアイスブレーキングを多用すると、楽しさのあまり脱線して、悪ふざけやいたずらを始める子どもたちが出てくる。この二つの雰囲気のバランス調整役も、教師にとって大事な出番と言えるであろう。

第2節 活動展開時の大事な出番

活動展開時の教師の大事な出番としては、「促し」(facilitation)があげられる。子どもたちの何を・どんな動きを促すかであるが、特別活動実践における代表的な促しは、以下の三つである。まずは、グループ検討課題に対して、子どもたち一人ひとりが「気づき」(awareness)、すなわち、自分なりの見方・感じ方・考え方などを掘り起こすことへの促しである。特別

活動が、「はじめに集団ありき」の集団主義的な活動ではなく、「個を生かす」集団活動になるためにも大事な出番と言える。

あと二つは、序章で取り上げた「認め合う」集団づくりに大事な、お互いの気づきの「分かち合い」(sharing) の促しと、「高め合う」集団づくりに大事な、グループとしての「練り上げ」(elaboration) の促しである。前者の促しによって、「みんな違ってみんないい」という人権意識が醸成され、心の居場所としての学校（学級）づくりへの波及効果が期待できる。一方、後者の促しによって、違う者同士が集まって独自なものを創り出していくといった協働意識が醸成され、学校（学級）文化創造への気運の高まりが期待できる。さらに、予防的生徒指導の観点からも、これらの促しは、子どもたちの不登校やいじめ問題への貢献が期待できる教師の出番と言えるであろう。

この促しと共に、活動展開時の大事な出番となるのが「揺さぶり」(confrontation) である。特別活動における集団活動の「ヤマ場」は、自分たちで独自のものを創り出していこうとするグループとしての練り上げの取り組みであろう。こうしたヤマ場にさしかかり、これから深まりを見せようとする場面で、空回りを繰り返したり、安易な話題転換を図るような動きや圧力がかかったときに、直接介入し、なにがしかの揺さぶりをかけていくことは、教師の大事な出番である。

なお、練り上げ段階での揺さぶりの代表的なタイミングとしては、以下の五つの動きが起こったときがあげられる。すなわち、①面倒くさいので、これまでに出てきた案の並記ですませようとする「網羅化」の動き、②特定メンバーが仕切って、一方的に方向付けようとする「私事化」の動き、③面倒くさいので、多数決で、あるいは、平均値を出して押し切ろうとする「平準化」の動き、④少数意見や異論を排除しようとする「同質化」の動き、⑤感情的な交わりは極力抑えて、ひたすら理屈や論理で押し切ろうとする「知性化」の動き、の五つである。こうした動きは、一般的な集団活動を深めていく上では阻害要因となるものであるが、たとえば、ディベートのような集団活動においては、とくに、②と⑤は、むしろ、推奨さ

れる動きといえるであろう。

　展開時には、もう一つ、揺さぶりよりは強めの"危機介入"（crisis intervention）が必要な事態が生じることもある。その代表が、悪ふざけやいたずらがエスカレートした、いじめ行為であるが、こうした人権侵害の特定の行為にブレーキをかけたり、毅然とした態度で臨むことも、子どもたちの安全が脅かされる深刻な事例が続出する昨今、ゆるがせにすることはできないと言える。ただし、ここでも介入のタイミングや揺さぶり方の適切性が問われているのは申すまでもない。

第3節　活動終結時の大事な出番

　活動の終結時は、時間切れでカットされることが多いが、活動を振り返っての教師の一言が大きな出番となる。ここでは、教師役割のフィルターをはずして、「3直に」（正直・素直・率直に）感じとれたことを、感じとれたままに語る教師の「自己開示」（self-disclosure）が問われている。子どもたちは、ありのままに自分を語るそんな教師を切実に求めていると言えよう。しかも、そうした教師の一言が子どもたちに響き、彼らの新たな気づきの誘発因になっていくのである。もちろん、活動に一生懸命取り組んだ彼らに対する「ねぎらいの言葉がけ」（compliment）も、オープニングのアイスブレーキングに匹敵するクロージングの大事な出番である。

　終結時のもう一つ大事な出番が、子どもたちの自己評価活動としての振り返りシートへの記入や、相互評価活動としての全体シェアリングの実施である。丁寧に行いたい評価活動であるが、立ちはだかってくる壁は、これまた時間の捻出である。

おわりに

　活動の導入時・展開時・終結時に分けて、特別活動における教師の大事な出番を検討してきたが、活動は、本時だけでなく事前と事後の活動もあ

る。とくに、集団活動が苦手な子どもたちに対しては、事前に丁寧な説明を行い、先取り不安を和らげたり、本時には状況に応じた参加を促したり、さらには、事後のアフターケアなど、個別ニーズに即した出番が求められているが、担任一人の力では限界がある。2012（平成24）年の文科省調査で6.5％の出現率が示された発達障害の子どもたちへの配慮を含めて、チーム支援体制の整備構築が、特別活動においても大きな課題となっている。

【文献一覧】

犬塚文雄編集『社会性と個性を育てる毎日の生徒指導』（図でわかる教職スキルアップシリーズ）図書文化社、2006年

日本特別活動学会『キーワードで拓く新しい特別活動：小学校・中学校・高等学校学習指導要領対応〔新訂〕』東洋館出版、2010年

文部科学省『生徒指導提要』教育図書、2010年

【監修者紹介】

田中智志（たなか・さとし）
 1958年生まれ
 1990年 早稲田大学大学院文学研究科博士後期課程満期退学
 現在：東京大学大学院教育学研究科教授、博士（教育学）
 専攻：教育学（教育思想史・教育臨床学）
 主要著書：『キーワード 現代の教育学』（共編著）東京大学出版会
     『社会性概念の構築——アメリカ進歩主義教育の概念史』東信堂
     『学びを支える活動へ——存在論の深みから』（編著）東信堂
     『プロジェクト活動——知と生を結ぶ学び』（共著）東京大学出版会
     『教育臨床学——〈生きる〉を学ぶ』高陵社書店

橋本美保（はしもと・みほ）
 1963年生まれ
 1990年 広島大学大学院教育学研究科博士課程後期中途退学
 現在：東京学芸大学教育学部教授、博士（教育学）
 専攻：教育学（教育史・カリキュラム）
 主要著書：『明治初期におけるアメリカ教育情報受容の研究』風間書房
     『教育から見る日本の社会と歴史』（共著）八千代出版
     『プロジェクト活動——知と生を結ぶ学び』（共著）東京大学出版会
     『新しい時代の教育方法』（共著）有斐閣

【編者紹介】

犬塚文雄（いぬづか・ふみお）
　　1950年生まれ
　　1975年　東京教育大学大学院教育学研究科修士課程修了
　　現在：横浜国立大学教育人間科学部教授
　　専攻：教育臨床学（生徒指導・教育相談・特別活動・学級経営）
　　主要著書：『子どもたちの生きる力を育む教育カウンセリング』（単著）福音社
　　　　　　『社会性と個性を育てる毎日の生徒指導』（編著）図書文化
　　　　　　『生徒指導論－真心と優しさと－』（監著）文化書房博文社

【執筆者紹介】

犬塚文雄（いぬづか・ふみお）〔序章・終章〕
　　【編者紹介】参照

古市将樹（ふるいち・まさき）〔第1章〕
　　1963年生まれ
　　2001年　早稲田大学大学院教育学研究科博士後期課程満期退学
　　現在：常葉大学教育学部准教授
　　専攻：教育学（教育思想・生涯学習・社会教育学）

深見俊崇（ふかみ・としたか）〔第2章〕
　　1976年生まれ
　　2007年　大阪市立大学大学院文学研究科博士後期課程満期退学
　　現在：島根大学教育学部准教授
　　専攻：教育学（教師教育学・教育方法学）

富村　誠（とみむら・まこと）〔第3章・第6章〕
　　1955年生まれ
　　1991年　広島大学大学院学校教育研究科修了
　　現在：京都女子大学発達教育学部教育学科教授
　　　　　京都女子大学附属小学校校長
　　専攻：教育実践学（生活科、特別活動）

川野　司（かわの・つかさ）〔第4章〕
　　1948年生まれ
　　1983年　兵庫教育大学大学院学校教育研究科修了
　　現在：九州看護福祉大学社会福祉学科教授
　　専攻：教育学（学校教育）

相馬誠一（そうま・せいいち）〔第5章〕
　　1951年生まれ
　　1987年　兵庫教育大学大学院学校教育研究科修了
　　現在:東京家政大学人文学部教授、臨床心理士、博士（学術）
　　専攻:学校教育相談学

橋本定男（はしもと・さだお）〔第7章〕
　　1948年生まれ
　　1970年　新潟大学教育学部卒業
　　現在：高崎経済大学非常勤講師
　　専攻：学校教育（学校臨床研究・特別活動）

木内隆生（きうち・りゅうせい）〔第8章〕
　　1955年生まれ
　　1999年　兵庫教育大学連合大学院（博士課程）単位取得満期退学
　　現在：福岡教育大学教育学部教授
　　　　　同附属小倉小学校・小倉中学校兼任校長
　　専攻：教育方法学（特別活動・生活指導）

野澤　晋（のざわ・すすむ）〔第9章〕
　　1955年生まれ
　　2004年　横浜国立大学大学院教育学研究科修士課程修了
　　現在：茅ヶ崎市立汐見台小学校総括教諭
　　専攻：教育学（学校教育臨床）

石井ちかり（いしい・ちかり）〔第10章〕
　　1962年生まれ
　　2006年　横浜国立大学大学院教育学研究科修士課程修了
　　現在：箱根町教育委員会指導専任主事
　　専攻：教育学（学校教育臨床）

佐野　泉（さの・いずみ）〔第11章〕
　　1954年生まれ
　　2012年　東京学芸大学大学院連合学校教育学研究科博士後期課程修了
　　現在：国士舘大学専任講師
　　専攻：教育学（教育臨床学）

米澤利明（よねざわ・としあき）〔第12章〕
　　1953年生まれ
　　1989年　上越教育大学大学院学校教育研究科修士課程修了
　　現在：横浜国立大学教育人間科学部准教授
　　専攻：教育学（教育経営、教育臨床）

長沼　豊（ながぬま・ゆたか）〔第13章〕
　　1963年生まれ
　　2008年　大阪大学大学院人間科学研究科博士後期課程修了
　　現在：学習院大学文学部教育学科教授、博士（人間科学）
　　専攻：教育実践研究（特別活動・ボランティア学習・市民教育・レクリエーション）

新・教職課程シリーズ　**特別活動論**	
2013年8月25日　第1刷発行	
2015年3月30日　第2刷発行	
監修者	田中智志・橋本美保
編著者	犬塚文雄
発行者	菊池公男

一藝社

〒160-0014　東京都新宿区内藤町1-6
Tel. 03-5312-8890　Fax. 03-5312-8895
E-mail : info@ichigeisha.co.jp
HP : http://www.ichigeisha.co.jp
振替　東京00180-5-350802

©Satoshi Tanaka, Miho Hashimoto, 2013 Printed in Japan
ISBN 978-4-86359-056-4　印刷・製本/シナノ印刷株式会社
乱丁・落丁本はお取り替えいたします。

一藝社の本

新・教職課程シリーズ［全10巻］
田中智志・橋本美保◆監修

《一流執筆陣による新カリキュラムに対応した新シリーズ、順次刊行！》

※各巻平均 220 頁

教職概論
高橋 勝◆編著
A5判　並製　定価（本体 2,200 円＋税）

教育の理念・歴史
田中智志・橋本美保◆編著
A5判　並製　定価（本体 2,200 円＋税）　ISBN 978-4-86359-057-1

教育の経営・制度
浜田博文◆編著
A5判　並製　定価（本体 2,200 円＋税）

教育心理学
遠藤 司◆編著
A5判　並製　定価（本体 2,200 円＋税）　ISBN 978-4-86359-060-1

教育課程論
山内紀幸◆編著
A5判　並製　定価（本体 2,200 円＋税）　ISBN 978-4-86359-058-8

道徳教育論
松下良平◆編著
A5判　並製　定価（本体 2,200 円＋税）

特別活動論
犬塚文雄◆編著
A5判　並製　定価（本体 2,200 円＋税）　ISBN 978-4-86359-056-4

教育方法論
広石英記◆編著
A5判　並製　定価（本体 2,200 円＋税）

生徒指導・進路指導
林 尚示◆編著
A5判　並製　定価（本体 2,200 円＋税）　ISBN 978-4-86359-059-5

教育相談
羽田紘一◆編著
A5判　並製　定価（本体 2,200 円＋税）

一藝社の本

Foundations of Educational Research
教育学の基礎

原 聰介 ◆ 監修
田中智志 ◆ 編著
高橋 勝・森田伸子・松浦良充 ◆ 著

四六判 並製 240頁 定価：本体2,200円＋税
ISBN 978-4-86359-027-4

今日の教育には、リアルな事実認識の上に果敢に理想を掲げるというスタンスが求められている。教育の基本問題に切り込むために、教育学研究の4つのカテゴリー（哲学的、歴史的、社会学的、比較教育的）について、厳密な概念を用いて核心的論述を展開。

■
【目次】
第1章／学校という空間〜教育人間学の視界から
第2章／知識の教育
第3章／教育システム〜社会の中の教育
第4章／戦略的教育政策・改革と比較教育というアプローチ
■

採用試験合格のための必修用語1300
教職用語辞典

原 聰介 ◆ 編集代表

四六判 並製 ビニール装 512頁 定価：本体2,500円＋税
ISBN 978-4-901253-14-7

現職教員、教育行政関係者、教員採用試験受験者や教職課程の学生等のための学習・実践・研究の手引書。最新の「教育改革」の動きを的確にとらえた充実した内容。調べやすく使いやすいハンディタイプ。類書のない画期的な用語辞典。

ご注文は最寄りの書店または小社営業部まで。小社ホームページからもご注文いただけます。